KB049120

Confronting Inequality

IMF,

불평등에 맞서다

조너선 D. 오스트리 · 프라카쉬 룬가니 · 앤드루 버그 지음
신현호 · 임일섭 · 최우성 옮김 | 이상헌 해제

생각의힘

차례

일러두기

1. 이 책의 원제는 『불평등에 맞서기*Confronting Inequality*』이며, 한국어판 제목은 『IMF, 불평등에 맞서다』이다.
2. 단행본은 겹낫표(『』)로 신문, 잡지, 논문, 영화 등은 홑낫표(「」)로 표기했다.
3. 인명 등 외래어는 외래어 표기법을 따랐으나, 일부는 관례와 원어 발음을 존중해 그에 따랐다.
4. 매끄러운 이해를 돕고자 원문에 없는 내용을 추가한 부분은 대괄호([]) 안에 적었다.

추천의 글

경제학 교과서는 어떤 사람이 다른 사람보다 돈을 더 많이 버는 이유를 그 사람이 사회에 더 많이 기여했기 때문이라고 설명하는 경우가 많다. 소득 불평등은 공정한 결과물이고, 각자가 얻는 보상은 생산성에 따른 것이며, 부자로부터 가난한 사람에게 소득을 재분배하면 열심히 일할 동기를 사라지게 해서 경제의 효율성을 훼손한다는 것이다. 이런 동화 속 세상에서는 생산성이 증가하면 모두 다 부유해진다.

하지만 현실은 그렇지 않다. 특히 최근에 경제는 점점 더 암울해졌다. 역사적으로 임금과 중위소득은 생산성과 함께 상승했다. 하지만 지난 30년 동안에는 많은 부유한 국가에서 생산성은 높아졌으나 중위소득은 정체했다. 노동소득 분배율은 부유한 국가뿐만 아니라 소득이 높지 않은 많은 국가에서도 하락했다. 자본은 국내외에서 자유롭게 이동할 수 있게 되었지만, 반면에 노동의 이동은 제한되어 노동자와 노동조합의 협상력이 약화되었다. 자본의 이동 가능성이 높을 때 기업은 노동자에게 저임금을 받아들이지 않으면 떠나겠다고 위협할 수 있다. 이 경우 임금은 노동자의 한계기여분에 더 이상 조응하지 않게 된다.

이 책은 불평등이 성장에 필요하거나 유리하게 작동하기는커녕 오히려 경제를 약화시킨다는 것을 보여 준다. 그리고 소득 재분배는 매우 지나치지만 않다면 성장에 유해하지 않다. 우리는 과거에 트레이드오프trade-off라는 개념에 젖어서, 평등은 경제 전체의 성과를 희생할 때만 나아질 수 있다고 생각했었다. 하지만 이 책을 비롯한 여러 연구 결과를 고려하면 사회가 좀 더 평등해질 때 성장할 수 있다는 것은 명백하다.

또한 이 책을 통해 불평등 증가는 우리가 예상하지 못했던 것이 아니라 선택한 결과였다는 사실을 알 수 있다. 사회의 불평등도는 정부가 선택한 정책에 크게 영향을 받는다. 자본 이동을 얼마나 허용할 것인가, 재정을 얼마나 긴축할 것인가, 시장의 규제를 얼마나 완화할 것인가와 같은 결정들이 그런 정책 선택의 대표적인 예다. 이런 정책들을 통해 더 많이 성장하는 경우도 있겠지만, 지난 30년 동안은 불평등을 악화시킨 경우가 많았다.

이상의 결론은 이 책의 저자들이 지난 몇 년간 세심하게 분석해서 주요 학술지에 발표한 연구로부터 도출되었다. 이들은 국제기구에서 증거기반정책evidence-based policy을 권고하기 위해 헌신해 왔다.

20년 전 국제통화기금IMF은 국제 자본 이동을 강력하게 옹호하는 기관이었다. 하지만 자본 이동 자유화가 성장에 별반 기여하지 못하고, 오히려 자본 이동을 무분별하게 허용하여 금융위기가 발생하면 성장과 형평성equity 모두에 유해할 수 있다는 증거가 쌓이면서 IMF의 입장은 미묘하게 변화해 왔다. 또 전면적인 "성장 추구Going for Growth"를 옹호했던 경제협력개발기구OECD도 "우리는 공동 운명체이며 불평등 완화는 모두에게 유익하다In it Together: Why Less Inequality Benefits All"는 것으로 입장을 선회하였다(OECD의 2015년 보고서 제목이기도 하다).

불평등을 완화하기 위한 정책은 어려운 것이 아니다. 첫째, 우리는 소득 발생 단계에서부터 극심한 불평등이 발생하지 않도록 노력해야 한다. 노동자 소득을 결정하는 주요한 요소인 의료와 교육 같은 공공재 투자 확대가 그런 역할을 한다. 정부정책으로 의료와 교육이 보다 평등해진다면 경제학 교과서에 서술된 것처럼 소득 분포가 능력의 분포를 더 잘 반영하게 될 것이다.

둘째, 총수요 관리와 완전고용 달성을 목표로 하는 거시경제정책과 구조 정책이 필요하다. 통화정책과 재정정책을 펼 때 고용과 임금 상승을 희생하면서까지 인플레이션과 재정 건전화fiscal consolidation 목표에 집착해서는 안 된다. 또한 탈규제와 자본 이동 확대를 재검토하여 노동에 불리하도록 기울어진 운동장을 평평하게 만들기 위해 노력해야 한다. 노동자의 협상력을 높이고, 기업지배구조를 개선하고, 시장 지배력을 억제하는 구조 정책이 더해지면 지난 30년간 불평등을 심화시켰던 정책 선택을 바로잡는 방향으로 나아갈 수 있다. 하지만 이것만으로는 충분하지 않고 세 번째 요소가 필요하다. 바로 2017년 당시 IMF 총재였던 크리스틴 라가르드Christine Lagarde가 강력하게 주장한 재분배정책이다.

이러한 시장 경제의 새로운 규칙을 통해 총수요 관리, 불평등 완화, 성장 촉진이 가능하게 될 것이다. 이 책의 결론은 단순하다. '사회는 포용적 성장을 가능하게 하는 정책을 선택할 수 있다'는 것이다.

조지프 스티글리츠

저자 서문

2010년 12월 튀니지에서는 민중 시위가 발생하여 삽시간에 정권이 무너졌다. 당시 튀니지 거시경제 지표는 양호했고 개혁이 진전되던 상황이었기 때문에 IMF 관계자들을 포함한 많은 사람들이 놀라워했다. 튀니지 시위는 아랍 지역 전역에서 경제적 평등 확대를 요구하는 '아랍의 봄Arab Spring'으로 이어졌다. 2011년 9월 불평등에 대한 저항은 대서양을 건너 미국에서 '월가 시위Occupy Wall Street'로 나타났고, 그 슬로건은 "우리가 99퍼센트We are the 99 percent"였다.

IMF 총재는 워싱턴에서 고위 간부들과 회의를 열어 "왜 우리는 이것을 예측하지 못했는지" 물었다. 그리고 더 나아가 신문을 가득 채우고 있는 이 이슈에 대해서 IMF는 어떻게 대응해야 하는지 질문을 던졌다. IMF는 성장과 세계 통합을 촉진하는 사명을 갖고 있었지만 불평등 확대나 99퍼센트의 요구와 같은 문제를 다루는 데는 익숙하지 않았다.

우리는 신문 헤드라인을 읽으면서, 각국의 불평등이 어떻게 성장을 좌초시킬 수 있는가에 대해 우리가 연구했던 것을 떠올렸다. 우리는 총재에게 IMF팀이 각국의 성장에 대해 평가할 때, 그중에서도 성장의 지속 가능성에 대한 평가를 할 때, 이 연구가 도움이 될 것이라고 보고했다. IMF 지도부는 이 책에서 다루고 있는 일련의 논문이 발표될 수 있도록 격려해 주었다. 불평등이 성장을 취약하게 할 수 있다는 발견을 통해, 불평등 연구는 회원국의 지속 가능한 성장 촉진이라는 IMF의 사명에 중요한 축이 되었다.

첫 논문 이후 두 개의 연구 영역이 부각되었다. 불평등이 성장을 저해한다면 불평등을 일으키는 요인은 무엇인지 살펴보고, 불평등을 억제하기 위해서 무엇을 할 수 있는지를 밝히는 것은 매우 중요한 과제였다. 그리고 두 영역 모두에서 우리는 놀라게 되었다.

첫 번째 문제에 대해 우리는 전통적인 사고에 따라 무역과 기술이 불평등의 기본 원인일 것이라고 예상했다. 실제로 이 두 요인은 불평등을 키웠다. 하지만 그에 못지않게 IMF가 제안해 온 거시경제정책과 구조 개혁도 불평등을 악화시킨다는 사실을 후속 연구를 통해 알게 되었다. 정부 지출 감소와 증세를 통해 정부가 허리띠를 졸라매면 불평등은 확대된다. 이것의 함의는 그러한 정책이 불필요하다는 것이 아니라, 각 국가와 IMF가 긴축정책이 분배에 미치는 영향을 인지하고 그 영향을 줄이는 방향으로 정책을 설계해야 한다는 것이다.

두 번째 문제에 대해서도 우리는 전통적인 사고에 따라 불평등을 줄이는 조치를 취하면 성장에 해로울 것이라고 예상했다. 그러나 재분배는 극단적이지만 않으면 성장을 훼손하지 않는 것으로 나타났다. 물론 양질의 보건 의료와 교육을 보다 평등하게 제공함으로써 과도한 불평등의 근본 원인을 부분적으로 해결하려는 시도는 바람직하다. 그러나 이러한 정책은 단기간에 성과를 내기 힘들고 장기적으로도 각국이 원하는 만큼 불평등을 줄이지는 못할 수 있다. 따라서 정부는 지나친 불평등을 해소하기 위한 재분배정책에 대해 열린 태도를 가져야 한다.

우리의 연구를 통해 IMF가 불평등을 바라보는 시각을 바꾸고 또 IMF 외부에 있는 사람들이 IMF를 바라보는 시각을 바꾸었다는 점을 기쁘게 생각한다. 오늘날 IMF는 불평등에 대해 걱정할 필요가 없다고 말하지 않는다. 오히려 핵심적인 사항으로 고려하라고 권고한다. 또 IMF는 업무 전반에 걸쳐 지나친 불평등에 도전하고 약자들을 보호하는 것을 강조하고 있다. IMF 외부의 사람들은 과거에는 발견할 수 없었던 '인간의 얼굴을 한 IMF'를 보기 시작했다. 최근 라가르드 총재가 언급한 대로 "지나친 불평등을 줄이는 것은 도덕적, 정치적으로 올바를 뿐만 아니라 경제학적으로도 바람직하다."

우리는 이 책의 기초가 된 여러 연구를 수행할 때 도움을 준 분들께 이 지면을 통해 감사한 마음을 전한다. 우리의 공저자였던 로렌스 볼Laurence Ball, 에드워드 버피Edward F. Buffie, 데이비드 푸르세리Davide Furceri, 시다트 코타리Siddharth Kothari, 다니엘 레이Daniel Leigh, 샤라람보스

창가라이즈Charalambos Tsangarides, 요르볼 야크실리코프Yorbol Yakhshilikov, 루이-펠리페 자나Luis-Felipe Zanna, 알렉산드라 드제니카Alexandra Zdzienicka, 우리 연구를 도와준 하이트 아히르Hites Ahir, 안지동Zidong An, 게준Jun Ge, 수하이브 케바지Suhaib Kebhaj 그리고 논문 초고를 읽고 조언을 해 준 카우시크 바수Kaushik Basu, 올리비에 블랑샤르Olivier Blanchard, 샘 바지 Sam Bazzi, 프랑스와 부르기뇽François Bourguignon, 제이미 갤브레이스Jamie Galbraith, 덕 골린Doug Gollin, 스티븐 젠킨스Stephen Jenkins, 아트 크라이Aart Kraay, 폴 크루그만Paul Krugman, 앤디 레빈Andy Levin, 브랑코 밀라노비치 Branko Milanovic, 마틴 라발리온Martin Ravallion, 대니 로드릭Dani Rodrik, 마크 섀 퍼Mark Shaffer, 프레드릭 솔트Frederick Solt, 조지프 스티글리츠, 래리 서머스 Larry Summers. 연구 작업은 주로 근무 시간에 이루어졌지만, 이를 책으로 펴내기 위해 우리는 퇴근 후 저녁 시간과 주말을 할애해야만 했다. 가 족과 함께해야 할 시간을 희생한 것인데, 이를 이해해 준 우리의 모든 가족에게 고마움을 전한다.

제1장

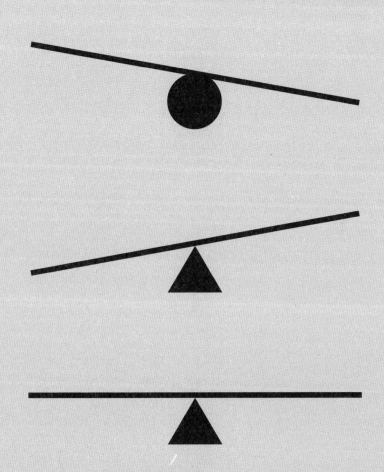

서론

2014년 옥스팜Oxfam(빈곤 해결을 위한 국제기구 - 옮긴이)은 놀라운 통계를 표제로 제시했다. 전 세계 상위 부자 85명이 대략 35억 명에 달하는 인류의 하위 절반보다 더 많은 부를 소유하고 있다는 것이었다. 전 미국 대통령 버락 오바마Barack Obama는 이러한 불균형을 "우리 시대의 중대한 과제"로 지목했다. 오바마는 연설 중에 "덜 불평등한 나라들이 장기적으로는 더 강하고 지속적인 경제성장을 달성하는 경향이 있다는 연구"에 주목했다(Obama 2011).

　　오바마가 인용한 연구는 뜻밖에도 IMF에 소속된 이 책의 저자들이 수행한 연구였다. 전통적으로 주류 경제학자들─IMF의 학자들을 포함하여─은 평균소득의 증가 여부에 더 큰 관심을 보였고, 늘어난 소득이 사람들에게 어떻게 분배되는가에 대해서는 관심을 두지 않았다.

전문가들의 용어를 사용하자면, 경제학자들은 효율성efficiency—전체 파이의 크기가 계속 커지도록 하는 것—에 관심을 집중해 왔다. 반면에 사람들에게 돌아가는 조각의 크기, 즉 형평성equity에 대해서는 상대적으로 관심이 덜했다.

실제로 경제학자들은 과도한 재분배를 불편해하는 경향이 있다. 예를 들어 부자에게 상대적으로 높은 세금을 부과하거나, 빈자에게 과도한 현금이전cash transfer 및 사회보장성 지출(예컨대 푸드스탬프food stamp와 복지지출)을 제공함으로써 파이의 많은 부분을 부자에서 빈자로 이전시키는 시도에 눈살을 찌푸렸다. 시장은 사람들에게 정당한 보상을 제공하는데, 이러한 결과에 개입하는 것은 불공정할 뿐만 아니라 사람들이 열심히 일할 의욕을 상실하게 하므로 장기적으로는 바람직하지 않다고 여겼다. 달리 말하면 경제학자들은 형평성에 대한 지나친 관심이 효율성을 저해할 수 있다고 주장해 왔다. 경제정책에 대한 IMF의 조언은 대체로 이러한 합의를 기반으로 하고 있었고, 불평등과 그 영향에 더 관심을 가져야 한다는 옥스팜과 같은 기구들의 주장은 다소 특이한 것으로 간주되었다.

그러나 지난 10여 년 동안, IMF의 연구자들은 옥스팜과 같은 비판자들이 보기에도 근본적인 연구, 즉 불평등의 원인과 그것이 초래하는 비용, 과도한 불평등을 치유하기 위한 방안 등에 대한 연구를 진행했다. 이 책은 이러한 학술 연구들에 기반하고 있으며 주요 연구 결과들을 더 많은 독자들이 쉽게 이해할 수 있는 방식으로 설명하고자 한다.

우리의 연구로부터 얻을 수 있는 중요한 결론은 세 가지다.

첫째, 앞서 오바마가 인용한 것처럼 소득 불평등은 경제성장이 지속되기 어렵게 한다. 최근 들어 불평등에 대한 여러 우려가 제시되었다. 일부는 극단적인 불평등이 도덕적으로 옳지 않다고 주장하기도 하고, 사회적인 비용 혹은 엘리트들에 의한 정치적 포획(엘리트들이 자신들의 부를 활용해 법과 규제를 그들의 이익에 부합하는 방향으로 바꾸고자 하는 시도들)을 걱정하기도 한다. 우리는 불평등에 관한 이러한 우려들의 중요성을 부인하지 않는다. 다만 불평등의 직접적인 경제적 비용에 대한 연구는, 불평등을 걱정해야 하는 또 다른 강력한 이유를 제공한다.

둘째, 주류 경제학자들이 평균소득을 증가시킬 것으로 여기는 거의 모든 정책들은 불평등에 대해서도 영향을 미친다. 그것은 한 나라 안에서 승자와 패자를 만들어 내고, 경제학자들이 효율성과 형평성의 트레이드오프라는 전문용어로 지칭하는 문제들을 야기한다. 정부는 평균소득의 증가로부터 얻게 되는 효율성의 이득과 빈부 격차의 증가로 인한 형평성의 훼손 사이에서 균형을 잡을 필요가 있다. 더욱이 이것은 우리의 첫째 발견과 결합되어 이중고를 가져온다. 경제정책으로 나타나는 불평등 증가가 성장의 지속, 즉 경제정책이 우선적으로 촉진하고자 하는 바로 그것을 훼손할 수 있는 것이다. 여기서도 정책적 함의는 성장을 위한 정책을 추구하지 말아야 한다는 것이 아니라, 정부가 소득 분배에 미치는 영향을 바로잡기 위한 조치를 취해야 한다는 것이다. 한 가지 방법은 분배상의 충격이 우선적으로 완화되도록 경제정책을 고안하는 것이다. 또 다른 방법은 재분배, 즉 조세와 이전지출을 통해 소득을 부자에서 빈자에게로 재분배하는 것이다.

셋째, 재분배를 통해 불평등을 바로잡고자 하는 노력이 경제적으로 큰 비용을 치러야 할 필연적인 이유는 없다. 불평등을 완화하기 위한 재분배가 경제성장에 실질적인 해를 끼친다는 우려가 종종 있다. 즉 "치료가 질병보다 더욱 해로울 수 있다"는 주장이다. 재분배가 노동 의욕을 저해하기 때문이라는 이유다. 이러한 두려움은 잘못된 것이다. 이 책은 극단적이지 않은 재분배정책은 경제성장을 저해하지 않는다는 점을 보여 주는 증거들을 제시할 것이다. 따라서 수많은 사례들에서 재분배정책은 서로에게 도움이 될win-win 수 있다. 즉 효율성에 부정적인 영향을 크게 끼치지 않으면서도 형평성을 개선할 수 있다는 이야기다.

우리는 이 세 가지 결론이 불평등을 심각한 문제로 간주해야 하고, 그 치료법으로써 재분배를 적극적으로 고려해야 한다는 주장의 강력한 논거라고 생각한다. 첫째, 불평등은 성장을 저해하고 지속적인 성장을 어렵게 만들기 때문에 경제적으로 해롭다. 둘째, 대다수 경제정책의 편익들은 공평하게 나누어지지 않는다. 그리고 사회의 다수는 평균적으로는 좋을 수 있는 정책 때문에 실제로 손해를 본다. 셋째, 재분배를 통해 불평등을 완화하려는 시도가 언제나 성장에 해로운 것은 아니다.

효율성과 형평성에 대한 설명

노벨 경제학상 수상자인 시카고대학교의 로버트 루카스Robert Lucas는 왜 주류 경제학자들이 형평성보다 효율성을 중시해 왔는지를 잘 설명한 바 있다. 소득 증가의 중요성에 대해 루카스는 다음과 같이 말한다(Lucas 1988).

인도 경제를 성장으로 이끌기 위해 인도 정부가 취할 수 있는 행동이 있는가? (…) 만약 있다면 정확하게 무엇인가? 이러한 질문들에 내포되어 있는 사람들의 복지에 대한 결론들은 그야말로 충격적이다. 일단 이 질문들에 관해 생각하기 시작하면, 그 외의 다른 것들에 대해 생각하기는 어렵다.

그러나 분배와 재분배에 관해 루카스는 다음과 같이 말한다(Lucas 2003).

건전한 경제학에 해로운 여러 경향들 중에서 가장 매혹적인 것 그리고 내생각에 가장 해로운 것은 분배 문제에 집중하는 것이다. (…) 지금까지 많은 사람들의 복지가 증진된 사례들 중에서, 부자에게서 빈자에게로의 직접적인 부의 재분배 덕분에 달성된 것은 거의 아무것도 없다. 현재의 생산을 분배하는 다른 방식을 발견함으로써 빈자들의 삶을 개선할 수 있는 잠재력이 있는 방안들 중에서, 생산을 증가시키는 거의 무한한 잠재력에 비견될 만한 것은 아무것도 없다.

이러한 견해를 보여 주기 위해 그림 1.1은 미국과 브라질의 평균적인 사람의 연간 소득을 1950년에서 2014년까지 표시하였다. 그림에서 두 패널은 동일한 데이터를 보여 준다. 그중 아래 패널은 로그 스케일로 표시되어 있는데, 이는 데이터가 넓은 범위의 값을 가질

그림 1.1 미국과 브라질의 평균소득, 1950〜2014년

브라질의 평균소득은 미국보다 낮고, 지난 30여 년간 더 느리게 증가했다.

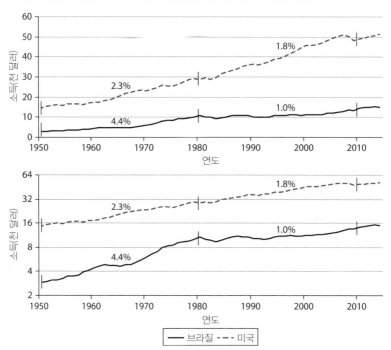

주: 두 그래프 모두 동일한 데이터를 사용했지만, 아래는 로그 스케일로 표시되어 있다. 로그 스케일은 경제학자들이 넓은 범위의 값을 갖는 데이터를 다룰 때 선호하는 방식이다. 소득은 인플레이션 효과를 감안하여 조정되었기 때문에 '실질'소득을 의미한다. 2.3퍼센트와 1.8퍼센트는 각각 미국의 실질소득이 1950~1980년 기간과 1980~2010년 기간에 보여 준 평균적인 증가율이고 4.4퍼센트와 1.0퍼센트는 브라질에 해당하는 숫자다.
출처: Penn World Table 9.0의 데이터에 기반.

때 흔히 사용되는 방식이다. 그림에서 두 가지 사실을 확인할 수 있다. 첫째, 평균적인 브라질 사람은 평균적인 미국 사람보다 분명히 더 가난하다. 예를 들어 2010년 브라질의 평균소득은 약 1만 달러인데, 미국의 평균소득은 약 5만 달러다. 둘째, 미국의 평균소득은 브라질에 비해 더욱 꾸준하게 증가해 왔다. 미국의 평균소득은 1950년에서 1980년까지 연간 2.3퍼센트 증가했는데, 1980년에서 2010년까지는 연간 1.8퍼센트로 다소 느리게 증가했다. 브라질의 소득 증가는 훨씬 더 변덕스럽다. 전자의 기간에 연간 4.4퍼센트 증가한 반면, 후자의 기간에는 불과 1퍼센트 수준으로 증가했다.

물론 미국 내에서 소득 격차는 매우 크고 브라질에서도 마찬가지다. 미국의 경우 그림 1.2에서 위쪽 그래프는 상위 1퍼센트의 연소득과 나머지 99퍼센트 인구의 연소득 수준을 보여 준다. 예를 들면 2010년에 상위 1퍼센트의 평균소득은 80만 달러를 넘어섰으나 나머지 99퍼센트의 평균소득은 4만 달러였다. 로그 스케일의 장점은 이러한 소득 불균형을 고려할 때 더 두드러진다. 아래쪽 그래프는 두 집단 사이의 소득 증가율의 역전을 좀 더 명확하게 보여 준다. 1950년에서 1980년까지 하위 99퍼센트의 소득은 연평균 2.4퍼센트 증가했는데, 이는 상위 1퍼센트 소득 증가율의 2배였다. 이로 인해 다수의 미국 경제학자들이 불평등에 대한 걱정은 과거의 일이 되었다고 잘못 생각하게 되었을 것이다(Berg and Ostry 2012). 대조적으로 1980년에서 2010년 사이에 상위 1퍼센트의 소득은 연평균 4.3퍼센트 증가했는데, 이는 하위 99퍼센트 소득 증가율의 3배를 넘어서는 수준이다.

그림 1.2 미국의 상위 1퍼센트와 나머지 99퍼센트의 연간 평균소득

미국에서는 1950년에서 1980년 사이에는 99퍼센트의 소득이 더 빠르게 늘어났으나,
1980년에서 2010년 사이에는 상위 1퍼센트의 소득이 더 빠르게 늘어났다.

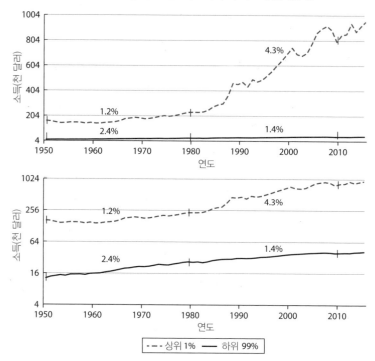

주: 두 그래프 모두 동일한 데이터를 사용했지만 아래는 로그 스케일로 표시되어 있다. 소득은
　　인플레이션 효과를 감안하여 조정되었기 때문에 '실질'소득을 의미한다. 1.2퍼센트와 4.3퍼
　　센트는 각각 1950~1980년 기간과 1980~2010년 기간의 상위 1퍼센트의 실질소득의 평균적
　　인 증가율이고 2.4퍼센트와 1.4퍼센트는 같은 기간의 하위 99퍼센트에 해당하는 숫자다.
　　출처: 미국 경제분석국Bureau of Economic Analysis.

　　루카스의 세계에서는 이런 숫자나 추세가 별 문제가 아니다. 미국에

서의 부자와 빈자 간의 격차는 평균적인 브라질인과 평균적인 미국

인 간의 격차에 비하면 부차적인 문제다. 맞다, 미국의 소득은 최상위

층에서 두드러지게 증가했지만, 최상위층뿐만 아니라 다른 사람들의

소득도 증가했다. 하위 99퍼센트와 상위 1퍼센트 간의 격차에 대해 걱정하기보다는 미국인 대다수의 꾸준한 소득 증가를 더 높게 평가해야 하는 것이 아닌가?

불평등을 걱정하는 사람들은 몇 가지 이유를 제시한다. 평등주의자들과 종교 사상가들은 극단적인 불평등이 도덕적인 문제를 제기한다고 생각한다. 예를 들면 프란치스코 교황은 2014년의 유명한 연설에서 "신의 섭리가 우리에게 준" 물질적인 재화의 공유를 촉구했으며, "경제적 편익을 국가가 합법적으로 재분배하는 것"을 옹호했다. 또 어떤 사람들은 불평등의 사회 경제적 악영향을 걱정한다. 대표적으로는 리처드 윌킨슨Richard Wilkinson과 케이트 피켓Kate Pickett이 있다 (Wilkinson and Pickett 2011). 그들은 불평등이 사회에 대한 신뢰를 침식할 수 있고 불안과 질병을 증가시키며 사회적 이동성social mobility을 저해할 수 있음을 발견했다.

노벨 경제학상 수상자인 조지프 스티글리츠Joseph E. Stiglitz는 불평등을 걱정해야 하는 다른 이유에 주목한다. 바로 엘리트에 의한 정치적 포획이라는 문제다. "최상위층의 소득과 부는 최소한 다른 사람들의 희생에 근거하고 있다"고 스티글리츠는 주장한다(Stiglitz 2012). 부의 집중은 다른 사람들의 불행으로 귀결된다. 스티글리츠는 미국에서 소득의 집중으로 인해 모두에게 동등한 기회를 제공하는 사회가 만들어지지 못하고 있고, 자신들의 부와 권력을 보존하는 것에만 관심을 두는 과두제가 형성되고 있다고 우려한다(Stiglitz 2015). 미국의 대법관 루이스 브랜다이스Louis Brandeis는 다음과 같이 말한 바 있다.

"우리는 민주주의를 가질 수도 있고, 아니면 소수의 손에 집중된 부를 가질 수도 있다. 그러나 양자를 동시에 가질 수는 없다."

　우리는 이 모두가 불평등에 대해 관심을 가져야 하는 중요한 이유라고 생각한다. 그러나 이러한 문제들은 이 책의 초점이 아니므로 여기서 논의하지 않는다. 우리는 불평등의 경제적 해악들, 즉 불평등이 경제성장을 저해하고 지속적인 성장을 어렵게 만든다는 점에 집중하고자 한다. 수년 전에 우리는 건강한 성장이 장기적으로 계속되도록 하는 요인들을 이해하고자 시도했었는데, 이 책에서는 그것을 성장기growth spells라고 부른다. 다른 경제학자들, 특히 하버드대학교의 랜트 프리쳇Lant Pritchett은 꾸준한 경제성장을 유지하는 나라들이 흔하지 않다고 지적했다(Pritchett 2000). 1980년과 2010년 사이의 브라질 사례에서 볼 수 있듯이, 성장기는 붕괴collapses와 정체stagnation로 종종 중단된다. 게다가 성장을 촉진하는 것이 언제나 어려운 일은 아니다. 심지어 가장 가난한 나라, 제대로 관리되지 못하는 나라들에서도 성장이 시작되는 것 그 자체는 비교적 흔한 일이다. 어려운 것은 그 성장을 유지하는 것이다.

　우리의 분석에서 가장 두드러지는 것은, 불평등이 심한 나라들에서 성장기가 종결되는 경향이 있다는 점이다. 물론 성장기의 지속성에 영향을 미치는 요인은 매우 많지만, 이러한 요인 중 하나인 불평등의 경우 그 효과가 크다. 가령 남미 경제가 동아시아처럼 불평등 격차를 절반 수준으로 줄일 수 있었다면, 그들의 성장기는 지금의 2배로 지속되었을 것이다. 우리가 불평등을 심각하게 고려해야 하는 또 다른 강력한 이유이다. 그리고 루카스처럼 평균소득의 증가가 주요한 관심사인 사람들에게도 마찬가지다. 불평등과 취약한 성장은 동전의 앞뒷면에 불과한 것일 수도 있다.

형평성과 효율성 간의 균형

경제학자들은 평균소득을 늘리기 위한 다양한 정책들을 추천한다. 이 정책들은 구조 정책structural policies과 거시경제적 정책으로 분류된다. 구조 정책은 국제무역과 해외 자본의 유출입 개방, 생산물시장과 노동시장에 대한 과도한 규제 회피 그리고 금융 부문에 대한 탈규제 등을 포함한다. 거시경제적 정책은 정부의 재정적자(정부의 지출과 조세수입 간의 격차)가 너무 커지지 않도록 하는 재무부의 정책과 인플레이션에 대한 중앙은행의 관리 등을 포함한다.

많은 구조 정책들이 효율성에 기여함으로써 평균소득의 증가로 이어진다는 증거들이 있다. 그러나 이 책에서 입증하고자 하는 것은 이러한 정책들의 상당수가 불평등을 증가시키고, 그로 인해 형평성과 효율성 사이의 트레이드오프를 야기한다는 점이다. 정부는 평균소득의 증가를 근거로 개인들 간의 소득 불균형 확대를 정당화할 수 있는지를 판단해야 한다. 우리의 첫 번째 결과는 또 다른 관심으로 이어진다. 경제정책으로부터 야기된 불평등 증가가 그 자체로 효율성의 이득 중 일부를 침식함으로써 성장의 지속 가능성을 저해한다는 것이다.

효율성의 이득은 불분명하지만 형평성의 비용이 명백한 경우에 정부는 판단하기가 유난히 어렵다. 우리는 두 가지 정책에 초점을 맞추고자 한다. 첫째는 지난 수십 년 동안 해외 자본의 유출입에 대한 개방을 점진적으로 확대시켜 온 정책이다. 이론적으로 보면 금융 개방 혹은 자본계정의 자유화는 자본에 대한 접근성을 높이고 자본의 소유자들이 광범위한 투자 프로젝트를 탐색할 수 있도록 해 준다. 자본을 투자 프로젝트와 잘 연결해 주는 것은 분명히 성장에 도움이 된다. 예를 들어 선진국의 석유 탐사 기업은 원유가 발견된 저개발국의 프로젝트에 자금을 조달하는 데 도움을 줄 수 있다.

그러나 조목조목 따져 보면 해외 자본의 개방에 따른 편익이 무엇인지는 불분명하다. 특히 금융 발전 수준이 낮고 금융에 대한 접근성이 충분하지 않은 나라들에서 더 그러하다. 실제로 해외 자본의 유입이 금융 부문의 변동성을 높이고 위기를 초래했다는 증거들이 있다. 이러한 경우 효율성의 이득을 판단하기는 어려운 반면에 형평성에서의 비용은 명백하다. 많은 나라들 중 특히 볼리비아, 이집트, 네팔, 우간다 등에서는 자본계정의 자유화가 불평등 증가로 이어졌다. 그 이유 중 하나는 기존의 부유층이 해외 자본에 대한 접근성을 효과적으로 활용할 수 있었기 때문이다. 또 다른 이유로는 자본계정 자유화의 여파로 발생한 위기가 결과적으로 가난한 사람들에게 더 높은 부담을 초래했다는 점을 들 수 있다.

다음으로 우리는 적자를 줄이고자 하는 정부의 정책을 자세하게 살펴보고자 한다. 경제학자들은 이런 행동을 재정 건전화라고 지칭하고, 비판가들은 긴축정책이라고 지칭한다. 지난 수십 년 동안 재정적자를 줄이기 위한 지출 축소와 증세가 결합된 재정 건전화 정책들이 빈번하게 있었다. 1993년의 일괄 예산조정 법안U.S. Omnibus Budget Reconciliation Act of 1993이 대표적인 사례이다. 또 유럽통화동맹EMU에 가입하기 위해 마스트리히트 조약이 설정한 재정적자 기준을 충족하고자 시행된 1996년 오스트리아의 정책과 같은 여러 유럽 국가들의 사례도 있다.

이러한 조치들은 평균소득 감소로 이어졌고, 단기 및 중기에(재정 건전화 조치가 시행되고 나서 3~5년 사이에) 걸쳐 실업 증가를 유발했음을 보여 주는 증거들이 있다. 이는 재정 건전화 조치들과 결합된 사회보장지출의 축소와 공공 부문의 임금 감축이 저소득 계층에게 차별적으로 영향을 미쳤기 때문이다. 또한 재정 건전화는 장기 실업을 증가시키는데, 실업 상태가 오래 지속되는 것은 상당한 소득의 상실로 이어질 수 있다.

물론 재정 건전화는 정부의 장부를 적절하게 관리함으로써 장기적인 편익으로 귀결될 수도 있다. 우리는 이를 부정하지 않는다. 정부 부채가 매우 많을 때 부채 감축의 장단점에 대해서도 살펴볼 것이다. 우리가 말하고자 하는 것은 단기 및 중기적인 효율성에 대한 기대에만 근거하여 긴축정책을 시행해서는 안 된다는 것과 형평성 측면에서의 비용을 유념해야 한다는 것이다.

불평등 바로잡기

어느 정도의 소득 불평등은 시장 경제에 필수적이다. 열심히 노동한

결실의 상당 부분을 획득할 수 없게 된다면 과거 소련의 가슴 아픈 경험이 보여 주는 것처럼 열심히 일하고자 하는 유인은 약화된다. 불평등을 줄이고자 하는 취지로 잘못 고안된 시도들은 노동 의욕을 저해할 것이고, 결국에는 성장을 어렵게 만들어 가난한 사람들에게도 해를 끼칠 것이다.

따라서 불평등을 줄이고자 하는 정책이 어떠한 경제적·사회적 목표를 희생하더라도 수행되어야 한다는 생각은 잘못된 것이다. 그러나 불평등의 비용에 대한 이 책의 논의가 보여 주는 것처럼, 불평등 문제를 무시하는 것도 잘못이다. 정부는 극단적인 불평등을 바로잡기 위해 구체적으로 무엇을 할 수 있는가? 첫 번째 단계는 사전분배정책predistribution policies이라는 이름 아래 진행된다. 이는 처음부터 소득 불평등이 극단적으로 나타나지 않도록 하기 위한 조치들이다. 교육과 의료에 대한 기회를 균등하게 제공하는 것은 기회의 평등을 확대한다. 즉 가난한 사람들과 그들의 자녀들이 인생 출발점에서의 불리함을 극복하고 높은 소득을 얻게 될 가능성을 높인다. 정부가 조세수입으로 무엇을 할 것인가는 이러한 측면에서 볼 때 중요한 문제다. 교육과 의료에 대한 접근성을 높이기 위해 조세를 활용하는 것은 사전분배정책의 좋은 예다.

한편 정책은 분배 결과에 대한 민감도를 감안하여 고안할 수 있다. 예를 들어 긴축정책의 경우, 가난한 사람들에 대한 지출은 축소하지 않음으로써 불평등에 대한 충격을 억제할 수 있다. 금융 개방의 경우, 정부는 해외 자본의 유출입 개방에 앞서 국내의 금융 발전과 가난한 사람들의 금융 접근 개선을 꾀하는 정책들을 우선적으로 시행할 수 있다. 금융의 흐름이 효율적으로 중개되는 경향이 있다는 점, 신용은 사회의 모든 부문에 도달하게 될 가능성이 커진다는 점에서(진정한 금융 포용) 이러한 정책은 성장과 형평 모두에 긍정적인 영향을 끼칠 가능성이 크다.

이러한 시도들에도 불구하고, 불평등은 정부와 시민들이 예상했던 것보다 더 높은 수준에 달하게 될 수도 있다. 조세와 이전지출을 통한 재분배정책은 사후적인 치료법이다. 하지만 재분배정책은 성장에 해를 끼칠 수 있다는 두려움 때문에 그동안 억제되어 왔다. 이 책의 논의는 재분배정책이 극단적이지만 않다면 성장에 부정적인 영향을 끼치지 않음을 보여 준다. 재분배정책은 과도한 불평등을 교정하는 방법 중 하나로써 정책 메뉴에 포함되어야 한다.

이 책의 구성

제2장에서는 불평등을 측정하는 방법, 불평등을 초래하는 요인들을 개관한다. 제3장에서는 불평등이 초래하는 비용을 다루면서 불평등이 성장의 지속성에 미치는 부정적인 영향에 관한 우리의 연구를 자세히 살펴본다. 이어지는 4개의 장에서는 성장과 불평등에 대한 경제정책의 영향을 살펴본다. 제4장은 구조 정책, 제5장은 금융 개방, 제6장은 긴축정책, 제7장은 금리정책을 다룬다. 기술, 특히 로봇의 확산이 불평등에 미치는 영향은 제8장에서 논의한다. 다음으로 제9장은 과도한 불평등을 치유하는 방법, 특히 재분배정책의 효과를 다룬다.

마지막으로 제10장은 우리의 연구가 각국의 정부들과 정부에 정책 권고를 하는 국제기구들에 주는 함의를 다룬다.

우리는 광범위한 독자들에게 우리의 연구를 설명하고자 하는 목적으로 이 책을 썼다. 따라서 기술적인 논의들은 본문에서 최소한만 언급할 것이다. 그러나 경제학자들뿐만 아니라 정치학 등 관련 분야의 전문가들에게도 이 책은 가치가 있을 것이다. 이 책은 우리의 연구 성과를 한눈에 보여 줄 뿐만 아니라, 연구 결과를 완전히 이해하는 데 필요한 세부사항에 관한 기술적인 설명을 부록으로 제공한다.

제2장

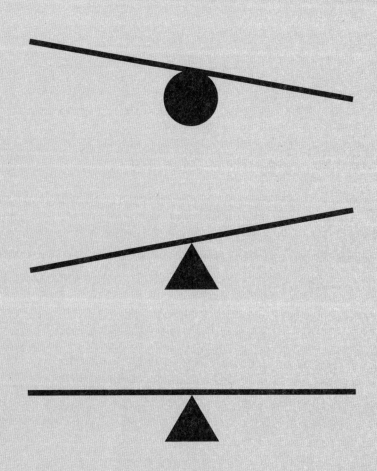

불평등: 수준과 원인들

이 책에서 논의되는 상당 부분은 국가 내에서의 소득 불평등에 관한 것이다. 다른 저자들, 특히 브랑코 밀라노비치Branko Milanovic는 전 세계적인 불평등, 즉 국적과는 별개로 부자와 빈자의 소득 격차를 연구해 왔다. 중국과 인도 같은 인구가 많은 나라들의 소득 증가 덕분에 전 세계적인 불평등은 꾸준히 줄어들었다(Milanovic 2005). 그러나 밀라노비치도 언급하듯이, 불평등은 전 세계 많은 나라들 안에서는 여전히 증가하고 있는 것으로 보인다.

한 나라 안에서 부자와 빈자 간의 격차를 어떻게 측정해야 하는가? 이 장은 우리가 사용하는 측정 방법 세 가지를 설명하는 것에서 시작한다. 첫 번째는 지니계수Gini's coefficient인데, 불평등 척도로 가장 광범위하게 사용되지만 이해하기가 쉽지만은 않다. 두 번째는 전체

인구 중에서 부유층에 속하는 사람들, 예를 들면 인구의 상위 1퍼센트, 5퍼센트, 10퍼센트에게 귀속되는 소득의 비율이다. 세 번째는 노동자들에게 귀속되는 소득의 비율, 즉 이윤profits에 속하지 않는 임금wages과 월급salaries이 차지하는 비율이다. 이 장은 불평등을 야기하는 주요한 요인들에 대한 설명으로 마무리된다.

불평등에 대한 논의에 들어가기 전에, 이 책에서 중요한 역할을 하는 시장소득과 순소득(혹은 처분가능소득) 간의 구별을 이해해야 한다. 대부분의 국가들은 소득에 세금을 부과하고, 이전지출의 형태로 일부 사람들에게 도움을 제공한다. 순소득이란 이러한 조세와 이전지출을 통해 조정된 시장소득, 즉 시장소득에서 조세를 빼고 이전지출을 더한 것이다.

그림 2.1은 1970년에서 2014년 사이에 미국과 프랑스의 평균적인

그림 2.1 미국과 프랑스의 평균 시장소득과 순소득

순소득은 시장소득에서 정부에 납부하는 세금을 빼고 정부로부터 받는 이전지출을 더한 것이다. 평균적인 개인은 이전지출로 받는 것보다 세금으로 납부하는 것이 더 많다(2011년 미국 달러화 기준).

출처: OECD 데이터에 근거.

개인의 연간 시장소득과 순소득을 보여 주고 있다. 두 나라에서 순소득은 시장소득보다 낮다. 이는 평균적인 개인의 경우 이전지출로 받는 것보다 세금으로 납부하는 것이 더 많음을 의미한다. 평균보다 빈곤한 사람들은 세금으로 납부하는 것보다 이전지출로 받는 것이 더 많다. 따라서 그들의 순소득은 시장소득보다 많을 것이다. 평균보다 부유한 사람들의 경우에는 그 반대일 것이다.

지니계수

이제 두 나라의 소득 불평등을 비교해 보자. 그림 2.2는 두 나라의 시장소득과 순소득이 10분위, 즉 가장 빈곤한 1분위부터 가장 부유한 10분위에 이르기까지 어떻게 분배되어 있는지를 보여 준다. 각 막대의 높이는 해당 분위에 귀속되는 소득의 비율을 보여 준다. 가령 시장소득이 모든 분위에 균등하게 분배된다면, 위쪽 패널에서 각각의 막대 높이는 모두 동일한 10퍼센트가 된다(따라서 10분위라는 개념은 불필요하게 된다). 만약 시장소득이 균등하지 않더라도 사회는 조세와 이전지출을 통해 순소득을 균등하게 만들 수 있다. 그러면 아래쪽 패널에서 순소득 막대의 높이는 모두 동일한 10퍼센트가 될 것이다.

물론 미국과 프랑스에서 시장소득은 결코 균등하지 않다. 또 부자로부터 빈자에게로 가는 재분배에도 불구하고 순소득도 균등하지 않다. 예를 들어 최상위 분위에 귀속되는 시장소득의 비율은 프랑스의 경우 약 35퍼센트이고 미국의 경우 약 45퍼센트이다. 재분배는 이 비율을 제법 낮추는데, 두 나라에서 최상위 분위에 귀속되는 순소득의

그림 2.2 미국과 프랑스의 10분위별 총소득과 순소득(2010년)

빈곤층의 소득은 미국이 프랑스보다 작다.

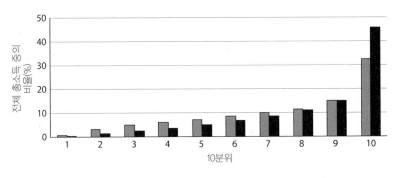

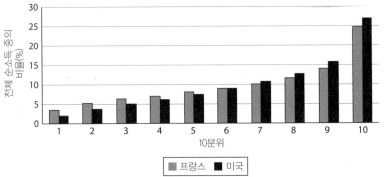

주: 막대의 쌍은 하위 10퍼센트에서 상위 10퍼센트에 이르는 순서로 배열되어 있다.
출처: World Income Inequality Database 3.4의 데이터에 근거.

비율은 30퍼센트 아래로 떨어진다. 그러나 완전히 평등한 사회에서의 10퍼센트보다는 여전히 높다.

프랑스에서 시장소득의 불평등은 미국에서보다 더 낮은가? 재분배는 두 나라의 상대적인 불평등에 어떤 영향을 미치는가? 그림 2.2의 자료들은 이러한 두 질문에 대해서 대답을 제시하지만 이 문제를 완전히 해결하지는 못한다. 시장 불평등이라는 문제에 대해 살펴보자.

가장 빈곤한 하위 1분위에 귀속되는 소득 비율이 미국보다 프랑스에서 더 높은 것은 사실이다. 그러나 중위소득에 해당하는 분위의 소득 비율도 프랑스가 미국보다 더 높다. 따라서 매우 빈곤한 계층과 매우 부유한 계층 간의 격차는 프랑스에서 더 작지만, 중상위 소득계층과 극빈층 간의 격차는 오히려 더 클 수 있다.

두 번째 질문도 자료를 눈으로 보는 것만으로는 답하기 어렵다. 앞에서 이미 언급했듯이, 재분배는 분명히 최상위층에 귀속되는 소득의 비율을 낮춘다. 그러나 재분배는 극빈층과 중간층 모두의 소득 비율을 변화시키므로 불평등에 대해서 어떤 영향을 미치는지는 불확실하다.

만약 우리가 가장 빈곤한 1분위와 가장 부유한 10분위 간의 격차에만 관심이 있다면, 두 나라의 상대적인 불평등에 관해 뭔가를 말할 수 있을 것이다. 그러나 우리는 두 나라의 특정 계층에 국한되지 않는 전반적인 불평등을 비교하기를 원한다. 바로 여기서 지니계수가 도움이 된다. 기술적으로 말하자면, 지니계수는 인구 중에서 임의로 선택된 두 사람의 평균적인 소득 격차를 측정한다. 따라서 지니계수는 한 나라의 불평등 수준을 요약해서 보여 준다. 지니계수는 0에서 100까지의 값을 가지게 된다. 0은 모든 사람들이 동일한 소득을 얻음을 의미하고, 100은 한 사람이 그 사회의 소득 전부를 얻고 있음을 의미한다.

그림 2.3은 프랑스와 미국의 사례를 다루면서 순소득을 이용하여 지니계수의 개념을 설명한다. 세로축은 각 분위에 귀속되는 소득

그림 2.3 미국과 프랑스의 순소득 지니계수(2010년)

지니 값은 한 나라의 소득의 불평등 정도를 요약해서 보여 주는 통계이다.

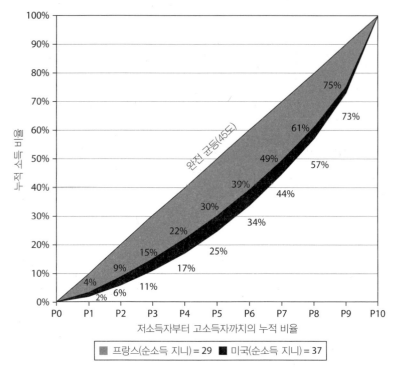

주: 숫자들은 해당 분위까지의 사람들이 수취하는 순소득의 누적 비율을 의미한다. 예를 들면, P5에서 '30'과 '25'는 프랑스에서 인구의 하위 절반이 전체 소득의 30퍼센트를, 미국에서 인구의 하위 절반이 25퍼센트의 소득을 얻고 있음을 의미한다.
출처: World Income Inequality Database 3.4의 자료에 근거함.

비율을 누적하여 나타내고 있다. 어떤 나라의 소득이 완전히 균등하게 분배되어 있다면, 모든 점은 45도 선상에 있을 것이며, 지니계수는 0이 된다. 이제 프랑스의 자료가 보여 주는 것을 완전한 균등분배와 비교해 보자. 극빈층인 하위 10퍼센트의 인구는 전체 소득의 4퍼센트를 차지하고 있다. 그다음 분위는 5퍼센트의 소득을 얻고 있고

이에 따라 누적된 값은 9퍼센트가 된다. 이러한 방식으로 진행하면 각각의 단계에서 분위가 올라가면서 소득 비율이 누적되어 표시된다. 그림은 미국의 유사한 숫자들도 보여 주고 있다.

우리가 어떤 분위를 고려하든 간에 상관없이, 소득 증가에 따라 해당 분위의 개인들에게 귀속되는 누적 소득 비율은 프랑스가 미국보다 높다는 점을 분명하게 알 수 있다. 실제로 프랑스는 미국보다 덜 불평등하다. 지니값을 계산하는 데 사용된 수학 공식은 두 나라의 소득 분배 차이를 요약해서 보여 주는데, 프랑스의 지니계수는 29로 미국의 37보다 낮다.

지니계수에 대한 이러한 기본 지식을 가지고, 이제 미국과 프랑스의 시장소득과 순소득에 대한 논의로 되돌아가서 두 나라에서 불평등이 어떻게 심화되었는지 살펴보자. 그림 2.4는 시장소득과 순소득을 이용하여 계산된 지니계수를 보여 주고 있다. 위쪽 패널은 1995년 이후 미국과 프랑스의 시장소득 불평등이 매우 비슷하다는 놀라운 결과를 보여 준다. 두 나라가 다른 것은 순소득의 불평등 정도인데, 1985년 이후 프랑스에서 훨씬 낮다.

이제 전 세계의 많은 나라들을 대상으로 시장소득 지니계수와 순소득 지니계수를 계산해 볼 수 있다. 그 결과는 그림 2.5에 나타나 있다. 가로축은 시장소득의 불평등을, 세로축은 순소득의 불평등을 보여 준다. 각각의 점은 개별 나라들을 의미한다. 45도 선상에 있는 나라는 시장소득 불평등과 순소득 불평등이 동일하다는 것, 즉 재분배가 전혀 이루어지지 않음을 의미한다. 45도 선 아래쪽에 있는 나라는

그림 2.4 미국과 프랑스의 시장소득 지니와 순소득 지니

시장소득의 불평등은 미국과 프랑스에서 비슷하다. 순소득 불평등은 미국이 프랑스보다 훨씬 높은데, 시간의 흐름에 따라 점차 증가해 왔다.

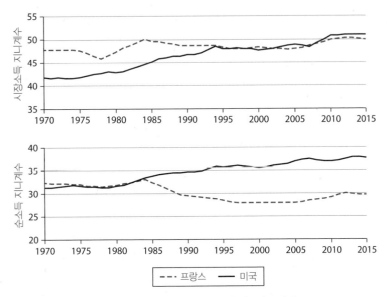

출처: Standardized World Income Inequality Database 6.1의 자료에 근거함.

시장소득 불평등보다 순소득 불평등이 더 낮다는 것, 즉 더 많은 재분배가 일어나고 있음을 의미한다.

거의 대부분의 나라들이 45도선 아래에 있는데, 이는 어느 정도 재분배가 되고 있음을 의미한다. 그런데 중국 같은 일부 나라들은 재분배가 거의 일어나지 않고, 반대로 스웨덴 같은 나라들에서는 재분배가 많이 일어난다. 이 그림에서 미국과 프랑스의 시장소득 지니는 거의 동일한 반면에 순소득 지니는 미국이 프랑스보다 훨씬 높다는 사실을 확인할 수 있다.

그림 2.5 소득의 재분배

대부분의 나라들에서 재분배 덕분에 시장소득 불평등보다 순소득 불평등이 더욱 낮다.

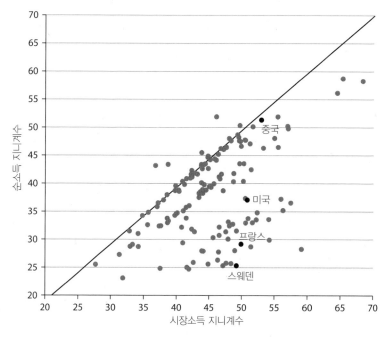

주: 45도 선에 근접하는 나라들은 재분배를 거의 하지 않으며, 45도 선에서 멀어질수록 재분배를 많이 함.
출처: Standardized World Income Inequality Database 6.1 자료에 근거함.

표 2.1은 2010년 기준으로 시장소득과 순소득 지니계수가 가장 높은 나라들과 낮은 나라들을 보여 준다. 또 1990년에서 2010년까지 불평등이 가장 많이 증가한 나라들과 감소한 나라들도 보여 주고 있다.

상위 소득과 노동소득 분배율

우리가 살펴본 지니계수 같은 여러 가지 불평등 관련 자료들은 가구를

표 2.1 시장소득(총소득)과 순소득(조세 및 이전지출 이후 소득)의 불평등

시장 지니 상위 (2010)		시장 지니 하위 (2010)		순소득 지니 상위 (2010)		순소득 지니 하위 (2010)	
나라	지니	나라	지니	나라	지니	나라	지니
남아공	68	아이슬란드	39	남아공	59	체코	26
잠비아	60	뉴질랜드	39	짐바브웨	52	네덜란드	26
짐바브웨	60	카자흐스탄	38	중국	51	우크라이나	26
라트비아	57	탄자니아	38	온두라스	51	벨라루스	25
아일랜드	56	말리	37	잠비아	51	벨기에	25
리투아니아	56	피지	36	르완다	50	덴마크	25
르완다	56	우크라이나	35	과테말라	49	아이슬란드	25
브라질	54	대만	33	칠레	48	슬로베니아	25
온두라스	54	벨라루스	32	콜롬비아	48	스웨덴	25
영국	54	한국	32	인도	48	노르웨이	24

시장 지니의 큰 증가 (1990-2010)		시장 지니의 큰 감소 (1990-2010)		순 지니의 큰 증가 (1990-2010)		순 지니의 큰 감소 (1990-2010)	
나라	변화	나라	변화	나라	변화	나라	변화
라트비아	+33	시에라리온	−28	그루지아	+19	시에라리온	−24
리투아니아	+31	말라위	−17	르완다	+19	말라위	−15
그루지아	+22	세미갈	−9	중국	+16	이란	−7
르완다	+21	이란	−8	라트비아	+14	세네갈	−7
사이프러스	+20	피지	−6	리투아니아	+14	브라질	−6
마케도니아	+20	탄자니아	−6	마케도니아	+14	피지	−6
러시아	+19	터키	−6	아르메니아	+12	탄자니아	−6
에스토니아	+18	이집트	−5	불가리아	+12	이집트	−5
불가리아	+17	말리	−5	사이프러스	+12	말리	−5
중국	+16	페루	−5	슬로바키아	+12	터키	−5

출처: Standardized World Income Inequality Database 6.1의 자료에 근거함.

상대로 소득, 조세 부담, 소비 등을 설문조사한 결과에서 얻는다. 설문조사는 비용이 많이 들고 복잡해서 수년에 한 번 정도 수행하는 것이 일반적이다. 또 설문조사가 전체를 잘 대표한다는 보장도 없다. 큰 부자들은 설문조사에 잘 참여하지 않거나 응답하더라도 자신들의 소득 규모를 사실대로 드러내는 것을 주저하는 경향이 있다(Ostry and Berg 2014).

이러한 설문조사의 한계 때문에 경제학자들은 소득 분배 자료의 또 다른 원천으로 조세 자료를 활용해 왔다(Atkinson, Piketty and Saez 2011). 조세 자료는 모든 납세자의 정보를 얻을 수 있기 때문에 부자들에 대한 데이터도 용이하게 구할 수 있다. 또 매우 적은 소수의 계층, 예컨대 상위 0.1퍼센트의 부자들에 대한 데이터도 얻을 수 있다. 게다가 이 데이터는 연간으로 구할 수 있고 때로는 20세기 초반까지의 데이터도 있다.

그러나 조세 자료를 활용하는 것에는 중요한 단점이 있다. 첫째, 소득세를 납부하지 않는 많은 빈곤층과 중간층이 제외된다. 둘째, 실질 순소득을 알려 주는 조세 납부액과 이전지출에 대해서는 거의 아무런 정보도 얻을 수 없다. 셋째, 조세 자료는 선진국과 일부 신흥국에서만 얻을 수 있다. 넷째, 조세에 기반한 자료는 납세 실적 보고의 정확성 여부나 조세 회피 전략의 활용과 관련된 고유한 측정 문제를 갖고 있는데, 이는 특히 부유층의 경우에 문제가 된다.

그렇지만 고소득층의 소득 분배율은 지니계수의 측정에 대한 유용한 보완물이 될 수 있다. 그림 2.6은 미국과 프랑스의 상위 1퍼센트

가구에 귀속되는 소득 분배율을 보여 준다. 1970년대에는 두 나라 모두에서 상위 1퍼센트의 소득 분배율이 약 10퍼센트였다. 그 이후로 미국에서는 이 수치가 높아지기 시작해 총소득의 약 20퍼센트에 달하게 된 반면, 프랑스의 경우 안정적인 모습이다.

소득 분배를 살펴보는 또 다른 방법은 자본과 비교하여 노동에 귀속되는 몫을 계산하는 것이다. 「워싱턴 포스트The Washington Post」의 칼럼니스트 로버트 사무엘슨Robert Samuelson이 말한 것처럼, "노동의 몫(노동소득 분배율)을 계산하는 것은 간단하다. 그것은 근로자의 임금과 월급 그리고 부가적인 혜택을 포함한다. 자본은 좀 더 복잡하다. 그것은 기업의 이윤, 소상공인과 전문직 동업자들의 소득, 부동산으로부터의 지대, 은행 예금과 채권, 대출로부터의 순이자소득 등을 포함한다"(Samuelson 2013). 지난 수십 년에 걸쳐 많은 나라들에서 노동소득

그림 2.6 미국과 프랑스 상위 1퍼센트 가구의 소득 분배율

상위 1퍼센트 가구의 소득 분배율은 미국에서 가파르게 상승했으나 프랑스에서는 꽤 안정적인 수준을 유지했다.

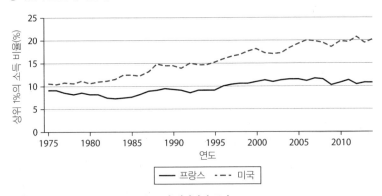

출처: World Wealth & Income Database의 데이터에 근거.

그림 2.7 미국과 프랑스의 노동소득 분배율

노동소득 분배율은 미국에서는 2000년 이후 급격하게 감소했으나, 프랑스에서는 꽤 안정적으로 유지되고 있다.

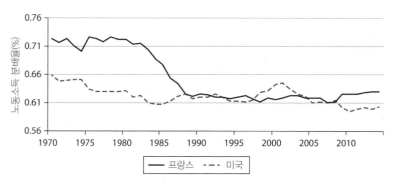

출처: Penn World Table 9.0의 데이터에 근거.

분배율—상대적으로 계산하기 쉬운 부분—은 하락했다. 로버트 사무엘슨에 따르면 "자본으로의 이동은 전 세계적인 현상인데, 이는 세계화, 새로운 기술과 노조의 약화 등에 기인한다. 이 모든 요인들은 경쟁의 격화, 기계에 의한 노동의 대체, 협상력의 약화 등을 통해 임금을 낮추는 요인으로 작용한다"(Samuelson 2013).

그림 2.7은 미국과 프랑스의 노동소득 분배율을 보여 준다. 미국의 노동소득 분배율은 1970년대에는 66퍼센트였는데 최근에는 60퍼센트 정도로 훨씬 낮아졌다. 프랑스의 노동소득 분배율도 하락했는데, 대부분 1980년대에 들어 하락했다.

불평등을 야기하는 요인들

불평등을 야기하는 요인들을 살펴보면서 이 장을 마무리하고자 한다.

우리는 1970년부터 2015년까지의 90개국의 자료를 활용하여, 지니계수로 측정되는 불평등을 야기한 요인들이 무엇인지에 관한 연구를 수행했다.

노벨 경제학상 수상자인 사이몬 쿠즈네츠Simon Kuznets는 한 나라가 빈국에서 중위소득 국가로 나아가면서—경쟁의 압력에 최초로 노출됨에 따라—초기에는 불평등이 증가할 것이고, 소득이 일정 수준에 도달한 이후에는 불평등이 감소할 것이라고 추정했다(Kuznets 1955). 이러한 '쿠즈네츠 곡선'은 실제로 많은 나라들에서 시간의 경과에 따라 심화되는 불평등의 일부를 설명해 준다. 그러나 쿠즈네츠 곡선이 불평등 전체를 설명하지는 못한다. 밀라노비치가 강조한 것처럼 수많은 다른 요인들이 불평등의 변화를 설명한다(Milanovic 2016). 우리의 연구에 따르면 이들은 네 가지 범주로 구분된다.

구조적 요인 1장에서 살펴본 것처럼 소득의 불평등은 기회의 불평등에서 비롯된 것일 수 있다. 그러나 기회의 불평등은 직접 측정하기 어렵기 때문에 그 대용변수로 사망률을 활용할 수 있다. 가령 높은 사망률은 건강관리에 대한 접근성이 부족함을 보여 주는 지표가 될 수 있다. 따라서 사망률은 기회의 불평등에 영향을 미치는, 측정하기 어려운 요인들을 통제하는 것으로 간주할 수 있다. 국내총생산GDP에서 제조업의 비율은 경제 구조의 변화를 보여 주는 지표로 활용된다. 불평등은 농업이 주요 산업인 나라에서 매우 높은 경향이 있고, 농업에서 제조업과 서비스업 등으로 전환됨에 따라 점차 감소한다.

글로벌 트렌드 트렌드는 기술과 무역에 대한 개방도에 따라 측정된다. 이 두 가지는 최근 수십 년에 걸쳐 불평등을 증가시키는 경향이 있었다. 기술 변화는 컴퓨터와 정보기술을 활용해 일하는 데 능숙한 사람들을 유리한 위치에 서게 했다. 글로벌 서플라이 체인(공급망)은 저숙련 노동을 선진국 경제로부터 다른 곳으로 이동시켰다. 따라서 선진국 경제에서 고숙련 노동자들에 대한 수요가 증가했고, 이들의 소득은 저숙련 노동자들에 비해 더욱 높아지게 되었다. 그리고 개도국 안에서 비교적 숙련도가 높은 사람들이 이러한 변화로부터 수혜를 입는 경향이 있다.

경제정책 우리가 여기서 주목하는 것은 (1)금융 개방의 정도, 즉 해외 자본의 유입에 대해 개방되어 있는 정도, (2)국내의 금융 개혁, (3)정부의 크기, 즉 GDP에서 정부 지출의 비중 등이다. 앞에서 보았듯이 가난한 사람들은 해외 자본에 대한 접근성이 낮고, 경제위기 이후에 금융 개방이 단행되는 경우 그 피해를 더 많이 받는다. 따라서 해외 자본 유출입 개방은 불평등을 증가시킬 것으로 예상할 수 있다. 같은 이유로 금융 서비스에 대한 접근성 부족은 국내의 금융 규제 완화 이후에 불평등을 증가시킬 수 있다. 재정 긴축과 불평등 사이의 관계에 대한 우리의 발견에 따르면, 정부의 크기 축소는 불평등을 증가시킬 것으로 예상된다.

다른 요인들 위기는 때로 부자보다는 빈자에게 더 큰 영향을 끼쳐 불평등을 증가시키는 것으로 간주된다. 그 이유로 외환위기도 하나의 지표가 될 수 있다. 또 다른 변수는 독재정부(정부의 최고위층이 군인이건 아니건 간에)인데, 이는 엘리트에 의한 부의 갈취를 허용함으로써 불평등을 증가시키는 경향이 있다.

그림 2.8은 불평등을 일으키는 요인들 각각의 증가가 지니계수에 미치는 영향을 보여 준다. 각각의 경우에 고려된 증가분은(전체를 백분위로 나눌 때) 50분위에서 75분위까지의 해당 지표 값의 증가이다. 첫 번째로 주목할 점은 여러 요인들의 집합 각각이 불평등 증가에서 행하는 역할이다. 예를 들면 무역 개방도가 높은 나라는 지니계수가 높은데 이는 근대 기술에 대해 개방도가 높은 나라가 그러한 것과 마찬가지다. 다른 요인들의 영향은 앞에서 논의했던 대로 우리의 예상에 부합한다.

그림 2.8 50분위에서 75분위로의 변화가 불평등에 미치는 영향

글로벌 트렌드나 구조적 요인들만 불평등을 야기하는 것은 아니다. 정부의 통제 안에 있는 경제정책도 중요한 역할을 한다.

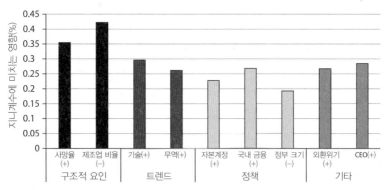

출처: Furceri, Loungani, Ostry (2018).

이 책의 목적에 비추어볼 때, 핵심적인 발견은 불평등이 글로벌 트렌드 혹은 심층적인 구조적 요인들에 의해서만 야기되는 것이 아니라는 점이다. 정부의 통제 안에 있는 경제정책들도 중요한 역할을 한다. 우리가 언급한 경제정책의 세 가지 지표들과 다음 장에서 주제로 다루어질 것들 모두가 다른 요인들의 영향과는 별개로 불평등 증가에 크게 기여한다.

비록 작은 나라들은 다른 나라와의 통합 외에는 달리 선택의 여지가 없지만, 무역 자유화 정책도 어느 정도까지는 정부의 통제 안에 있다는 점은 주목할 만하다. 마찬가지로 외환위기의 영향도 정책 결정에 의해 상당히 좌우된다. 간단히 말하자면, 불평등 수준에 대한 경제정책의 영향은 과소평가되어 있을 수 있다.

제3장

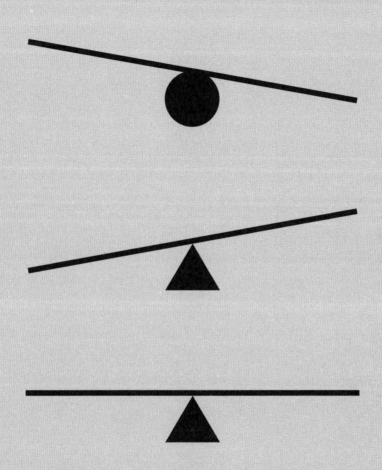

불평등과 성장의 지속

불평등이 성장에 영향을 미치는가에 대한 학술 연구의 역사는 매우 길다. 헤더 부쉐Heather Boushey와 카터 프라이스Carter C. Price는 문헌 조사를 통해 이론적으로는 "상충되는 결과들"과 관련된 "수많은 가능한 메커니즘"이 제시되지만, 다음과 같은 증거들은 명백하다고 결론 짓는다. "새로운 자료들이 활용 가능하게 되고, 분석 방법들도 더욱 발전하게 된 결과 (…) 장기적인 효과를 살펴본 연구들은 불평등이 성장에 부정적인 영향을 끼침을 발견했다"(Boushey and Price 2014).

그러나 기존의 연구들은 개발도상국에서 더욱 중요한 성장 과정의 핵심적인 특징을 무시해 왔다. 그것은 바로 지속성의 결여lack of persistence라는 문제다. 평균소득은 일반적으로는 수십 년에 걸쳐 꾸준히 증가하지 않는다. 오히려 가파른 성장의 시기가 붕괴 또는 정체에 의해 중단되곤 한다. 즉 성장의 언덕, 골짜기, 안정기가 모두 있을 수 있다. 따라서 불평등을 중기에 걸친 평균적인 성장과 관련짓게 되면 중요한 점을 놓치게 된다. 많은 나라들에서 더욱 유의미한 질문은 불평등이 성장의 급작스런 중단과 관련이 있는가, 없는가의 여부이다.

그림 3.1에 나타난 미국과 영국 같은 선진국에서 평균소득의 진화

그림 3.1 선진국과 개발도상국에서의 성장 패턴

꾸준한 과정으로서의 발전이라는 일반적인 인식은(영국과 미국의 사례처럼) 일부 선진국에서는 사실이지만, 개발도상국들은 굴곡이 있는 과정을 경험한다.

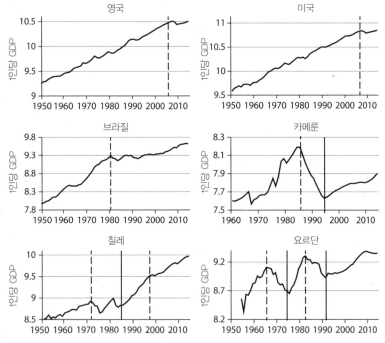

주: 수직의 점선은 통계적으로 유의한 성장의 하향 단절을 표현하고, 실선은 상향 단절을 표현한다. 1인당 실질 GDP는 로그 스케일로 측정되었다.
출처: Berg and Ostry (2017).

과정은 마치 발전이라는 언덕을 오르는 것과 유사하다는 공통된 관념에 부합한다. 즉 중간에 작은 오르내림이 있지만 어느 정도는 꾸준하게 소득이 증가한다. 만약 이것이 보편적인 패턴이라면 가장 흥미로운 질문은 '왜 어떤 나라들은 장기간에 걸쳐 다른 나라들보다 더 빨리 성장하는지를 어떻게 설명할 수 있을까'가 될 것이다. 그러나 그림 3.1은 브라질, 카메룬, 칠레, 요르단 등의 신흥국과 개발도상국에서는 다양한 사례가 있음을 보여 준다. 이 그림을 통해서 프리쳇과 다른 학자들은 성장을 이해하려면 왜 어떤 나라들은 장기간에 걸쳐 성장을 유지할 수 있고, 반면에 다른 나라들은 수년 만에 성장의 하향 단절에 직면하여 정체 혹은 쇠퇴를 경험하게 되는지를 설명할 수 있어야 한다는 것을 깨닫게 되었다(Pritchett 2000).

어떻게 성장을 유지할 것인가라는 문제는 특히 다음 두 가지 이유로 흥미롭다. 첫째, 성장을 시작하는 것은 성장을 유지하는 것보다는 덜 어려운 일이다(Hausmann, Pritchett, Rodrik 2005). 말하자면 가장 가난한 나라들 혹은 취약한 경제제도를 갖춘 나라들조차도 때때로 수년에 걸친 성장을 경험할 수 있다. 반면 성장에 뒤처진 나라들이 성공적인 나라들과 차별화되는 지점은, 장기간에 걸쳐 성장을 유지하는데 있어서의 무능력이다. 둘째, 2000년대 들어 많은 나라들이 지속적인 성장을 경험했다. 특히 사하라 남부의 아프리카에서 그러한데, 이 지역의 많은 나라들이 1990년대 중반에 성장을 경험했다. 이 성장은 지속될 것인가, 그리고 어떻게 하면 지속될 수 있을까?

지속적인 성장의 측정

이제 우리는 '성장기growth spells'—성장이 이륙(상향 단절upbreak)할 때 출발하여 성장이 정체(하향 단절downbreak)될 때 종결되는 것—의 지속 기간에 초점을 맞출 것이다. 그리고 이러한 지속성이 다양한 정책들과 불평등을 포함한 개별 나라들의 특징과 어떤 관련이 있는가를 설명하고자 한다. 우리의 목표는 불황으로부터의 회복이나 호황 같은 일시적인 사건이 아니라 추세(트렌드)를 살펴보는 것이다. 따라서 최소한

그림 3.2 지역별 시기별 성장 단절Growth Breaks

상향 단절과 하향 단절은 꽤 일반적인 현상이며 거의 모든 지역에서 나타난다.

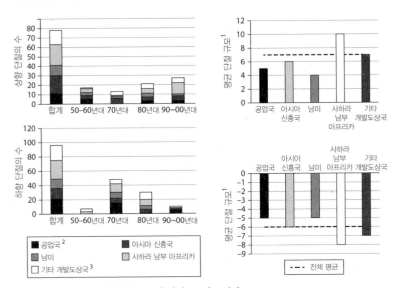

1. 단절 이전과 이후 1인당 실질GDP의 퍼센트포인트 변화.
2. 일본, 한국, 싱가폴, 홍콩, 대만 포함.
3. 중동, 북아프리카, 사이프러스, 터키, 카리브해 국가들.
주: 성장 단절이란 1인당 실질 GDP 증가율의 통계적으로 유의미한 변화가 최소한 8년간 지속되는 것을 지칭.
출처: Berg and Ostry(2017)에 기반.

표 3.1 성장기의 특징

| | 빈도와 지속 기간 | | | | | 성장기 이전, 중간, 이후의 평균 성장[1] | | | | |
| | | | | 최소 이 기간 이상 지속되는 성장기의 비중(%) | | 평균 성장률(%) | | | 3년간 평균 성장률(%) | |
	국가 수	성장기 수	평균 지속 기간 (연)	10년	16년	이전	중간	이후	이전	이후
완전한 성장기(표본 안에서 종결되는 성장기)										
공업국	37	2	13	100	0	3	6	1	2.6	3.4
아시아 신흥국[2]	22	3	18	33	33	-0.7	9	1	1	2
남미	18	5	14	60	40	1	5	0.2	1	-1
사하라 남부 아프리카	43	3	8	0	0	-3	10	-4	-11	-7
기타 개발도상국[3]	20	7	11	43	14	-2	5	-1	-1	-2
함계(불완전한 성장기 포함)										
공업국	37	11	24	100	64	0.7	6	N/A	-0.1	N/A
아시아 신흥국[2]	22	16	24	88	56	-0.3	6	N/A	0.4	N/A
남미	18	7	16	71	43	0.4	4	N/A	0.1	N/A
사하라 남부 아프리카	43	18	14	67	22	-4	6	N/A	-8	N/A
기타 개발도상국[3]	20	12	14	67	33	-2	5	N/A	-3	N/A

1. 1인당 실질GDP, 퍼센트포인트로 표시.
2. 일본, 한국, 싱가폴, 홍콩, 대만 포함.
3. 중동, 북아프리카, 사이프러스, 터키, 카리브해 국가들.
주: 성장기란 성장의 상향 단절과 하향 단절 사이의 기간을 의미함. 해당 기간에는 1인당 실질성장이 2퍼센트 이상이며 하향 단절 이후에는 2퍼센트 이하로 하락. 상향 단절과 하향 단절 사이에는 최소한 8년이 필요.
출처: Berg, Ostry, and Zettelmeyer (2012).

8년간 지속되는 성장기에만 주목할 것이다.

우리가 수집한 자료에 따르면 상향 단절과 하향 단절은 실제로 꽤 일반적인 것임이 명백해 보인다. 그림 3.2가 보여 주듯이, 상향 단절은 여러 지역들에서 발견되며 모든 시기에 발생해 왔다. 자료들이 알려 주는 핵심 메시지는, 1인당 소득의 장기적인 성장을 달성하고자 하는 과정에서 성장을 시작하는 것 자체는 어려운 과제가 아니라는 점이다. 오히려 진짜 문제는 장기간에 걸쳐 성장을 지속하지 못하는 무능력이다. 예를 들면, 선진국과 신흥국에서 거의 모든 성장기는 최소한 10년 이상 지속되었으나 남미와 아프리카의 경우 단지 3분의 2 정도만이 지속되었다(그림 3.1).

자료들에서 알 수 있는 또 다른 두드러진 특징은, 어떤 나라가 성장기를 유지하고 있을 때와 끝났을 때의 성장률의 차이다. 표 3.1이 보여 주는 것처럼 모든 지역의 성장기는 제법 급속한 성장을 수반했고, 그중 아프리카의 성장이 가장 빨랐다. 이와 대조적으로 성장기의 종절 이후에는 나라별로 큰 차이가 있었다. 아프리카의 성장기는 심각한 충격과 더불어 종결되는 경향이 있는 반면, 선진국들과 아시아의 성장기는 연착륙을 통해 종결되는 경향이 있었다.

불평등과 성장의 지속: 증거

지난 반세기에 걸친 성장기를 확인했으니, 이제 이러한 성장기의 지속 기간이 불평등의 정도에 따라 어떻게 달라지는지 살펴보자. 그림 3.3은 표본 국가들을 대상으로 성장기의 지속과 소득 불평등 지니계수

그림 3.3 성장기의 지속 기간과 불평등

불평등이 심할수록 성장의 지속 기간도 짧은 경향이 있다.

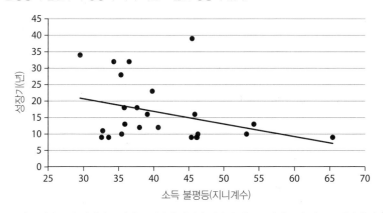

주: 이 그림은 표본 안에서 종결되는 성장기(완전한 성장기)만을 포함하는데, 이는 불완전한 성
   장기의 길이는 알 수 없기 때문이다. 이 그림에서 최소한의 성장기는 8년이다. 포함되는 나
   라들은 벨기에, 칠레, 덴마크, 도미니크공화국, 에콰도르, 이집트, 프랑스, 그리스, 과테말라,
   인도네시아, 아일랜드, 자메이카, 일본, 요르단, 말라위, 나이지리아, 파키스탄, 필리핀, 포르
   투갈, 한국, 세네갈, 시리아, 대만, 태국, 튀니지 등이다.
출처: Berg and Ostry(2017)의 데이터를 업데이트해 사용했음.

간의 관계를 보여 준다. 분명히 뚜렷하게 드러나는 패턴이 있는데, 불
평등이 심각할수록 성장 지속 기간은 짧은 경향이 있다.

  그러나 이 그림은 우리 분석의 출발점일 뿐이다. 한 나라의 성장기
의 지속 기간은 다른 여러 요인들의 영향도 받는다. 즉 경제·정치제
도의 질, 무역에 대한 개방도, 거시경제적 안정성, 노동력의 숙련도
(전문용어를 사용하자면 인적 자본의 축적) 등. 따라서 다음 단계는 이러한
요인들이 성장기의 지속 기간에 어떤 영향을 미치는지를 살펴보고,
그 요인들의 영향이 설명된 이후에도 여전히 불평등이 역할을 하는
가를 살펴볼 것이다.

우리의 접근 방식은, 예를 들면 특정 요인들(흡연, 체중, 성별, 연령 등)에 따라 기대수명이 어떻게 달라지는가를 측정하고자 하는 의학 문헌에서 빌려 온 것이다. 우리의 맥락에서 성장기가 종결될 가능성은 성장이 시작된 지 얼마나 지났는가와 성장에 '해로운' 여러 요인들에 달려 있다. 이 분석은 성장기가 시작될 때의 초기 조건과 성장기 중의 변화를 구별한다.

안타깝게도 무엇이 성장기에 영향을 미치는가에 관한 모든 이론들을 한 번에 검증해 볼 수 있을 정도로 데이터가 충분하지는 않다. 성장기 사례들은 소수에 불과한데, 모든 것을 해명하려는 후보 이론들은 여럿이 있다. 게다가 성장기의 지속 기간에 영향을 미칠 것으로 보이는 요인들의 다수는 서로 연관되어 있다. 따라서 우리는 그럴 듯해 보이는 후보 요인들, 즉 많은 표본들과 세부사항에서 중요한 것으로 드러난 후보들을 찾기 위해 예비 분석을 수행했다. 이러한 기초 위에서 우리는 성장기의 지속을 설명하는 데 중요한 역할을 하는 여섯 가지 요인을 찾았다. (1) 정치제도 (2) 무역 개방도 (3) 환율 경쟁력 (4) 외국인직접투자FDI (5) 외채 의존도 (6) 불평등.

앞의 다섯 가지는 성장을 결정하는 요인으로 이미 알려져 있다는 점에서 놀랍지 않다. 각 요인들은 많은 문헌들에서 중요하게 언급되어 왔다. 행정부를 견제하고 책임을 지도록 보장하는 정치제도가 성장에 도움이 된다는 주장은 많다(Sokoloff and Engerman 2000). 또 무역 자유화가 시장의 크기를 키우고 경쟁을 촉진하고, 노하우의 전수를 용이하게 함으로써 성장에 도움이 된다는 증거들도 있다(Alesina,

Spolaore, and Wacziarg 2005). 고평가된 환율은 제조업 부문의 경쟁력을 떨어뜨림으로써 성장을 저해할 수 있다(Rodrik 2008). 해외 자본의 유출입에 따르는 성장의 편익을 단정하기는 어렵지만, 이후에 살펴볼 외국인직접투자와 같은 자본 유입은 성장에 도움이 된다. 이는 외채에 대한 의존도가 낮을수록 성장에 도움이 되는 것과 마찬가지다(Dell'Ariccia 외 2008).

이러한 요인은 성장기의 지속에도 중요하다. 좋은 정치제도를 가지고 있을수록, 무역에 더 개방적일수록, 경쟁적인 환율제도를 유지할수록, 외국인직접투자의 유입에 유리할수록 그리고 외채에 대한 의존도가 낮을수록 성장기의 지속 가능성은 커진다.

우리의 분석에 따르면, 불평등은 성장기의 지속 기간을 결정하는 여섯 번째로 확인된 요인이다. 소득 분배가 평등한 나라일수록 성장기도 오래 지속된다. 실제로 소득 분배와 불평등은 성장의 지속 기간과의 연관성이 가장 뚜렷한 요인이다. 불평등은 위에서 언급한 다른 요인들을 포함하더라도 통계적, 경제학적 유의성을 잃지 않는다. 이는 불평등이 그 자체로 문제이며, 불평등을 통해 다른 요인들의 영향이 드러나는 것이 아님을 의미한다. 또한 불평등은 다양한 표본들과 성장기의 정의에서 다른 어떤 요인들보다도 더 체계적으로 유지된다. 따라서 불평등은 성장에 중요하다고 알려져 있는 많은 변수들에 비해 성장의 지속을 훨씬 더 잘 예측해 준다.

전반적으로 분석 결과들은 왜 동아시아 경제가 1965년에서 1990년 사이에 급속하게 성장했는가—'동아시아의 기적'이라고 불리는 발전

(World Bank 1993)—에 대한 어떤 해석을 뒷받침한다. 성장이 오래 지속된 나라들은 무역이 개방되어 있고, 외국인직접투자에 우호적이며, 낮은 외채 의존도를 유지하고 있었다. 그리고 소득 분배가 상대적으로 평등한 나라들이었다. 이를 염두에 둘 때 아시아를 표본에서 제외하더라도 우리의 분석 결과가 여전히 타당하다는 것은 주목할 만하다.

그림 3.4는 각 변수의 중요성에 대한 관점을 제공한다. 이는 다른 요인들이 변하지 않는다고 가정할 때, 문제가 되는 변수의 증가에 따라 성장 지속 기간이 얼마나 늘어날 것이라고 예상할 수 있는지를 보

그림 3.4 성장기의 지속 기간에 대한 다양한 요인들의 영향

수많은 요인들이 성장기의 지속 기간을 증가시키지만, 평등한 소득 분배는 더욱 중요한 요인들 중의 하나다.

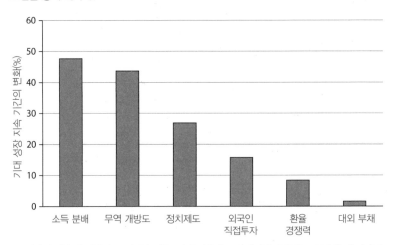

주: 각각의 변수에 대해서, 그림의 높이는 해당 변수가 50분위에서 60분위로 증가할 때 성장기의 지속 기간이 늘어나는 비율(백분위율)을 보여준다. 무역의 경우, 그림은 와치아그와 웰치의 이분변수dichotomous variable를 이용하여, 폐쇄된 체제 대신에 개방된 체제를 선택할 때의 편익을 보여 준다(Wacziarg and Welch 2008). 전제정치의 경우, 그림은 등급이 1에서 0으로 이동할 때의 효과를 보여 준다.
출처: Berg and Ostry (2017).

여 준다. 소득 불평등과 성장기의 지속 기간 사이에는 매우 중요한 연관이 있다. 불평등이 10퍼센트포인트 감소할 때—많은 나라들에서 성장의 지속 기간에 나타났던 개선—성장의 지속 기간은 50퍼센트 가까이 늘어날 것으로 예상된다.

소득 불평등이 성장기의 지속 기간에 영향을 미치는 경로는 경제적인 동시에 정치적인 것일 수 있다. 하나의 경제적인 경로—경제학자들이 신용시장의 불완전성이라는 범주 아래에 두는 것—는 가난한 사람들이 좋은 교육을 받기 위한 금융 수단을 갖고 있지 못하다거나 양질의 건강관리를 받지 못한다는 것이다. 따라서 그들은 인적 자본을 축적하기 어렵고, 이는 경제성장이 지속되기 어렵게 만든다. 이러한 점은 불평등한 나라일수록 질병과 불안감의 증가 같은 취약한 사회지표들 및 보건지표들로 인해 어려움을 겪는다는 윌킨슨과 피켓의 주장을 상기시킨다(Wilkinson and Pickett 2011).

또한 소득 불평등은 정치적으로 불안정해질 위험을 증가시킬 수 있다. 불평등한 사회에서는 부자 엘리트와 나머지 간에 정치 권력을 둘러싼 갈등이 생겨날 가능성이 더 크고, 그 결과로 나타나는 불확실성은 투자 유인을 낮추어서 성장을 저해할 수 있다(Alesina and Rodrik 1994). 그뿐만 아니라 불평등한 사회에서는 모든 사람들을 공통된 명분으로 결집하는 것이 어렵기 때문에, 사회가 어떤 역경에 직면했을 때 효과적으로 대응하는 능력도 한층 더 취약할 수 있다(Rodrik 1999). 이러한 어려움은 좋은 시절에 '가지지 못한 사람들have-nots'이 뒤처져 있었다는 사실을 반영한다. 따라서 그들이 볼 때 미래의 이익에 대한 전망이 보잘것 없다면, 그들은 어려운 시기에 사회적 조정 과정의 어려움을 지지할 이유가 거의 없다.

성장기의 종결: 몇 나라의 사례

불평등과 성장의 지속에 대한 통계 분석의 결과 그리고 이러한 결과들이 만들어지는 경로에 대한 우리의 추론은 많은 나라들에 대한 정치적 경제적 설명에 반영되어 있다. 표 3.2는 표본상의 모든 나라들 중 통계 분석에 따르면 성장기의 종결 가능성이 가장 높은 여섯 개의 사례를 표시했다. 이 사례들의 경제사를 살펴보면, 성장기의 종결에서 소득 분배 문제가 행한 역할에 대한 언급이 빈번하게 등장한다.

- **콜롬비아**는 1978년에 성장기의 종결을 경험했다. 우리의 통계 모델은 콜롬비아의 성장기가 실제로 취약했음을 보여 준다. 즉 성장이 종결될 위험이 전체 표본의 평균보다 66배 높았다. 이처럼 높은 위험은 지속 기간에 포함되어 있던 여섯 가지 요인들로 분해될 수 있다. 콜롬비아의 매우 높은 지니계수(53, 표본 평균은 38)가 그 위험의 상당 부분을 설명한다. 오랜 내전의 발화점이 되었던 것은 마약 카르텔에 대한 집중 단속이었지만, 모리시오 카르데나스Mauricio Cárdenas는 "높은 수준의 불평등과 빈곤 그리고 국가의 취약한 상태"에 주목한 바 있다(Cardenas 2007, 225).
- **과테말라**는 1960년부터 1996년까지 내전을 치렀다. 로즈마리 소프Rosemary Thorp 등은 다음과 같이 지적하고 있다. "1970년대 말에

표 3.2 여섯 개의 성장기 종결 사례

나라	성장기	인당 실질 GDP의 증가(%)		위험 비율	주요 기여 요소 (종유험 종의 비율)					
		지속 기간	이후 10년		불평등	낮은 FDI 유입	늘어난 대외부채	독재정치	환율 고평가	무역 자유화
카메룬	1978-1985	6.6	-5.6	109	0.49	0.33	-0.05	0.33	0.09	0.11
콜롬비아	1967-1978	3.4	1.2	66	0.73	0.46	-0.06	-0.23	-0.03	0.12
과테말라	1958-1979	2.4	-1.3	56	0.39	0.38	-0.07	0.13	-0.02	0.13
에콰도르	1971-1978	7.2	-1.0	47	1.05	0.34	-0.05	0.17	-0.13	-0.07
파나마	1959-1980	4.7	0.0	42	0.44	-0.61	0.62	0.28	0.06	0.14
나이지리아	1968-1976	5.9	-4.0	29	0.27	0.41	-0.08	0.39	0.47	0.15

주: 위험 비율(hazard ratio)은 실제 종결 이전의 5년 동안에 성장이 종결될 가능성에 대한 예측치이다. 종결될 가능성(예측치)의 비율이다. 따라서 위험 비율이 1이라는 것은 성장이 종결될 수 있는 특이한 위험이 전혀 없음을 의미한다. 자세한 내용에 대해서는 Berg, Ostry, Zettelmeyer(2012)와 이 책의 부록을 참고하기 바란다. 전체 표본에서 관찰된 평균치에 대비한 종결 가능성(예측치)의 비율이다. 따라서 위험 비율이 1이라는 것은 성장이 종결될 수 있는 특이한 위험이 전혀 없음을 의미한다. 자세한 내용에 대해서는 Berg and Ostry (2017).

출처: Berg and Ostry (2017).

이르러 과테말라는 양극화가 심해지고 사회조직(노동조합, 농민조직)이 급진화되는 국면에 들어섰다"(Thorp 외 2006). 나아가 길레스 카르보니에(Gilles Carbonnier)는 "보조금을 삭감하고 교통 물가를 높이려는 시도는 과테말라 시티의 거리에서 폭력적인 충돌을 반복해서 야기했다"고 지적했다(Carbonnier 2002). 모델의 예측에 따르면, 1974~1979년 사이에 과테말라에서 성장이 종결될 위험은 다른 나라들의 평균에 비해 56배 높았고, 평균 이상의 소득 불평등은 이러한 결과를 야기한 주요한 원인 중 하나였다.

• 카메룬, 나이지리아, 에콰도르에서 성장기의 종결은 소득 분배가 불리한 외부적 요인들과 어떻게 상호작용할 수 있는가를 잘 보여준다. 피터 루이스(Peter Lewis)는 나이지리아에서 매우 불안정한 정치, 사회적 응집력의 부족과 외부 충격 등이 경제적인 변동성의 극대화로 귀결되었다는 점에 주목하고 있다(Lewis 2007). "나이지리아에서는 윤리적, 지역적인 경쟁이 국가와 민간 사이에 경제성장을 위해 협력하는 안정적인 관계가 형성되는 것을 저해하는 요인이었다. 정치 엘리트들은 포퓰리즘 전략으로 돌아섰고, 소수의 기업가 계급은 지대(rent) 확보에만 열을 올렸다. 원유 수입이 줄어드는 상황에서 포퓰리즘 정책은 단기 처방에 지나지 않았고, 지대 확보도 불안정해졌다. 이는 결국 경제의 정체와 혼란으로 귀결되었다." 카메룬과 에콰도르의 경우 1970년대에 원유로 축적한 부는 특히 공공 부문 임금을 큰 폭으로 상승시켰는데, 나중에 원유 가격이 떨어졌을 때 이를 삭감하기는 매우 어려

였다. "이러한 조치들은 [카메룬을] 심각한 경제위기로부터 구하기 위해 필요한 것이었지만, 그것들은 정치 엘리트와 정부의 상층 계급들의 특권을 전혀 건드리지 않고, 그들에게 별다른 영향을 미치지 않는 것이었기 때문에 대중적인 호응을 얻지 못했다"(Mbaku and Takougang 2003, Jacome 외 1998, Aerts 외 2000). 우리의 통계 분석에 따르면, 이들 세 개 나라에서 모델의 위험 비율은 매우 높았고(카메룬은 정상치보다 100배 이상, 나이지리아는 29배 이상 높았음), 낮은 수준의 외국인직접투자뿐만 아니라 높은 수준의 불평등, 전제정치의 수준 등이 성장기를 종결시키는 데 중요한 역할을 했다.

- **파나마**의 경우 성장기가 종결될 위험 대부분은 불평등뿐만 아니라 외채 증가 때문이었다. 실제로 파나마의 군사독재 정부는 1970년대에 정부 근로자들에 대한 지출을 위해 해외차입을 지속적으로 늘리면서 권력을 유지했다(Ropp 1992). 1980년대 초의 세계경제위기는 파나마를 강타했다. 이러한 패턴은 1980년대의 외채위기에서 고통받은 나라들은 사회적 갈등을 무마하기 위해 (지속되기 어려운) 해외차입을 이용해 왔을 수 있다는 버그와 제프리 삭스Jeffrey Sachs의 주장과 상통한다(Berg and Sachs 1988).

경로의 다양성과 복잡성은 이상의 사례들에서 잘 드러난다. 위기의 도래는 소득 불평등을 비롯하여 근본적인 취약성들의 상호작용을 반영하는 것으로 보인다. 몇몇 사례에서는 분명히 민족적인 분할도 큰 역할을 했다. 통계적인 증거는 불평등이 이러한 여러 요인들이 함께 나타나게 하여 성장기를 종결시키는 근본적인 특징이었다는 점을 보여 준다.

제4장

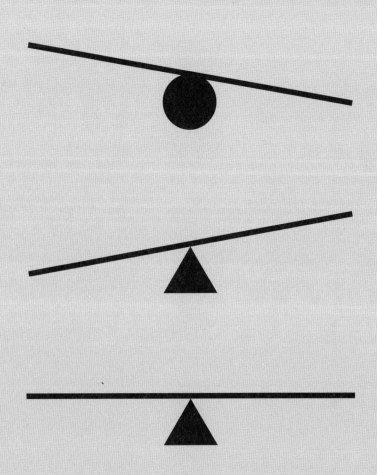

구조 정책과 불평등

1982년 1월 밀턴 프리드먼Milton Friedman은 「뉴스위크Newsweek」 칼럼에서 칠레를 '경제 기적'의 사례로 칭송했다. 그보다 십여 년 전에, 칠레는 이후 전 세계에서 널리 모방하게 된 정책—자유로운(규제가 완화된) 시장과 국가의 작은 역할 그리고 세계화—으로 전환했었다.

　　그림 4.1은 1980년대부터 확산된 이러한 정책으로의 세계적인 방향 전환을 보여 준다. 그림에서는 경제 활동의 다양한 영역에서 경쟁을 도입하는 강력한 추세가 나타난다. 자유시장으로의 이행과 더불어 국가의 크기—GDP에서 정부 지출의 비중으로 측정되는 것—는 축소되었다. 이러한 국가의 역할 축소는 민영화뿐만 아니라 재정적자를 운용하고 부채를 축적할 수 있는 정부의 능력을 제한함으로써 달성되었다. 또 세계화로 점진적인 이동이 지속되는 가운데, 특히 자본이

그림 4.1 경제적 자유화의 추세, 세계 vs 칠레

세계적으로 1980년대 초에 규제 완화, 국가의 역할 제한, 금융 및 교역의 개방 정책을 채택하는 방향으로의 강력한 추세가 시작되었다.

왼쪽 위 그림은 경쟁을 늘리고 규제를 완화하는 정책의 종합지수를 나타낸다. 지수는 0에서 1까지의 값을 갖고, 나라들 간의 중간값이 표시되어 있다. 지수는 5년 이동평균을 이용하여 평활화되었다(Ostry, Loungani, and Furceri 2016).

오른쪽 위 그림은 정부 지출의 GDP 비중(보건과 교육 포함)을 나타낸다. 나라들 간의 중간값이 표시되어 있다. 자료는 5년 이동평균을 이용하여 평활화되었다(Ostry, Loungani, and Furceri 2016).

왼쪽 아래 그림은 한 나라가 세 가지 차원, 즉 경제적·사회적·정치적 차원에서 세계화된 정도를 측정하는 KOF(Konjunkturforschungchungsstelle) 세계화 지수를 나타낸다. 지수는 0에서 100까지의 값을 가지며 더 많이 세계화될수록 값이 크다(Gygli, Haelg, and Strum 2018, Dreher 2006).

오른쪽 아래 그림은 1970~2014 기간의 친-이토 지수를 나타낸다. 지수는 가장 제한적일 때 -1.89의 값을 가지며, 가장 개방되어 있을 때 2.39의 값을 갖는다. 나라들 간의 중간값이 표시되어 있다. 칠레는 오른쪽 축으로 읽어야 한다. 2001년 이전 칠레의 자료는 1970~2000년 기간의 평균값이다(Chinn and Ito 2006).

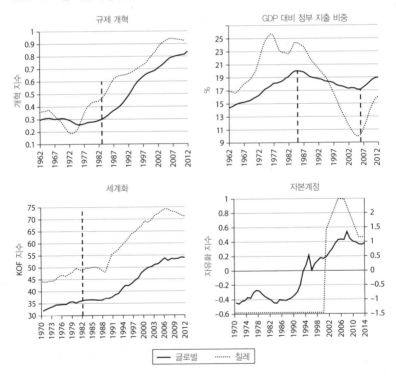

국가 간 경계를 가로질러 자유롭게 이동할 수 있는 방향으로 변화가 이루어졌다. 칠레는 자본 이동을 제외한 모든 측면에서 중간 앞쪽에 있었다. 칠레는 1990년대에는 다른 나라들보다 엄격한 제한을 유지했지만 이후에는 더 적극적으로 자유화에 나섰다.

이 장은 이러한 정책이 평균소득과 소득 불평등에 미친 영향을 분석하는 것에서 시작한다. 우선 다양한 구조 정책들(혹은 이들 정책의 지지자들이 즐겨 부르는 표현으로는 '개혁')을 살펴보고자 한다. 그림 4.1의 왼쪽 위에 있는 개혁 지수는 다양한 정책들을 종합적으로 평가하고 있는데, 이 장에서 우리는 배경에 있는 각 정책들의 영향을 분리해서 살펴볼 것이다. 그리고 이들 정책들 중 하나(금융 개방 혹은 자본계정의 자유화), 즉 그림 4.1의 아래 그림에 있는 것들에 대한 보다 진전되고 세부적인 분석은 다음 장인 제5장에서 다룰 것이다. 그리고 제6장은 그림 4.1의 오른쪽 위에 나타난 긴축정책, 즉 국가 크기의 축소에 따른 영향을 다룬다.

구조 개혁의 측정

우리는 경제의 금융 및 비금융 분야를 모두 포함하는, 7개의 개혁 지수로 구성된 포괄적인 자료 집합을 만들었다(경제학자들은 비금융 분야를 경제의 '실물' 부문으로 지칭하는 경향이 있다). (1)국내 금융domestic finance, (2)관세, (3)경상계정(또는 무역), (4)자본(또는 금융)계정, (5)네트워크 산업, (6)단체교섭, (7)법질서.

이러한 지표들 각각은 해당 부문의 규제 완화, 경쟁의 강화, 제도의 개선 정도를 측정하고자 하는 것이다. 예를 들어, 금융 부문의 개혁 지표(위 목록의 첫 번째 항목)는 시행 중인 이자율과 신용 통제 범위(시행 중인 통제가 많을수록 많이 규제되고 있음을 의미), 은행 수와 그들의 시장 점유율(소수의 대형 은행이 통제하는 경우 덜 경쟁적이다) 그리고 금융시장의 발전 정도의 다양한 측면(지방 또는 지방 증권시장이 얼마나 광범위한지) 등에 기반한다. 목록의 네 번째 항목인 또 다른 금융 부문 지수는 한 나라가 해외 자본의 흐름에 얼마나 개방되어 있는가를 측정한다. 이는 거주자와 비거주자 사이의 금융거래에 부과되는 제약들을 측정한 것에 기반한다.

비슷한 방식으로, 실물 또는 비금융 부문 지수는 무역, 네트워크 산업 및 노동시장의 규제 완화와 경쟁 정도를 측정한다. 한 나라의 무역이 얼마나 개방되어 있는지는 두 가지 지표로 측정된다. 하나는 부과된 관세를 보는 것이고(높은 관세율은 무역에 덜 개방적인 것으로 간주된다), 다른 하나는 무역 수익금의 활용에 대한 제한(예컨대 화물권리 포기 요건surrender requirements), 수출입 면허 요구 등과 같은 비관세 장벽을 지칭한다. 네트워크 개혁 지수는 전기와 통신 부문에서의 경쟁과 규제 완화의 정도를 측정한다. 이 부문들은 종종 경제의 다른 부문의 성과에 중요한 것으로 간주된다.

노동시장 개혁의 경우, 단체교섭의 정도를 파악하는 지수를 이용한다. 이 지수는 높은 수준의 단체교섭으로 인해 노동자들이 생산한 가치보다 더 많은 급여를 받게 된다면, 이는 노동시장의 작동을 저해할 수 있음을 고려하고자 하는 것이다.

마지막 지수는 한 나라의 전반적인 제도적 환경이 성장과 불평등에 미치는 영향을 파악하기 위한 것이다. 이 지수는 사법 체계의 공정성과 대중의 법 준수 정도를 평가한다. 우리는 경제적 자유와 재산권의 행사 가능성을 증가시킬 수 있는 광범위한 사법 개혁의 효과를 보여 주는 것으로 이 지수를 해석한다.

이들 지수 각각은 해당 부문의 경쟁과 규제 완화를 제대로 측정할 수 있는가라는 관점에서 보면 결함이 있다. 예를 들면, 노동시장의 경쟁은 단체교섭뿐만 아니라 채용과 해고에 대한 제한과도 관련되어 있다. 그러나 우리가 수행 중인 나라별 비교 분석에 따르면, 이들 지수들은 활용할 수 있는 최선의 대안이다. 구조 개혁이 성장에 미치는 효과를 연구하는 IMF와 다른 연구자들의 선행 연구들도 동일한 자료를 이용하고 있다.

그림 4.2는 국가별 그룹의 개혁 지수의 평균적인 수준이 어떻게 변화해 왔는가를 보여 준다. 모든 지수들은 0에서 1 사이의 값을 가지고, 값이 클수록 자유화된 경제임을 의미한다. 1980년대 중반 이후로, 국내 금융과 교역, 자본계정과 네트워크 산업 등을 자유화하려는 광범위한 흐름이 이어져 왔다. 거의 모든 선진국들은 지수가 0.8 이상인 수준이 되도록 국내 금융과 교역, 자본계정, 법질서 차원의 개혁을 진행했다. 저소득 국가LICs와 중소득 국가MICs들은 이러한 개혁에서 선진국에 비해 뒤처져 있고, 이러한 격차는 오랫동안 유지되어 왔다.

네트워크 산업과 노동시장에 대한 개혁의 경우, 그림은 더욱 모호하다. 단체교섭 지수를 예로 들면 선진국과 중소득 국가, 저소득 국가

그림 4.2 소득 수준별 개혁 지수의 추이

국내 금융과 교역, 자본계정과 네트워크 산업을 자유화하는 광범위한 트렌드가 지속되어 왔다. 선진국 경제들은 국내 금융과 교역, 자본계정, 법질서 차원에서 거의 완전한 개혁을 해 왔고, 중소득 국가와 저소득 국가 들은 뒤처져 있다.

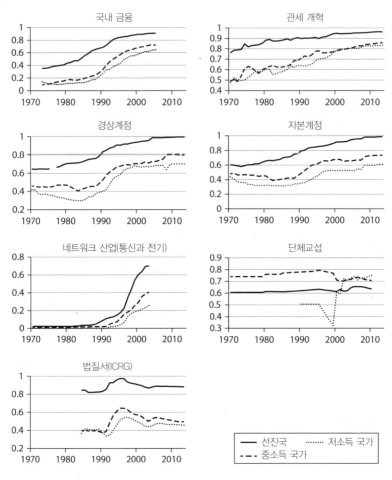

주: 모든 지수는 0과 1 사이의 값을 갖도록 조정되었고, 그림은 선진국, 중소득 국가, 저소득 국가의 그룹에 대해 매년 각 개혁 지수의 평균 수준을 보여 준다. 시간이 흐르면서 가용한 자료가 많아졌기 때문에 포함되는 나라의 범위도 변화해 왔다. 값이 높을 수록 더 많이 자유화되었음을 의미한다.
출처: Ostry, Berg, and Kothari (2018).

들 사이에 뚜렷한 차이는 없다. 실제로 선진국의 경제는 매우 다양한 노동시장 모델을 따르고 있기 때문에 선진국들 안에서도 그 지수의 변동폭이 매우 크다. 예를 들어 노르딕 국가들은 상대적으로 높은 수준의 단체교섭 지수(낮은 지수값)를 보여 주는 반면, 앵글로 색슨 국가들은 낮은 수준의 단체교섭 지수(높은 지수값)를 보여 준다. 중소득 국가들의 경우 지수값의 평균은 선진국들보다 훨씬 높다(중소득 국가들은 선진국 경제보다 대체로 단체교섭 수준이 낮다). 이와 유사하게 네트워크 산업 개혁의 경우에도 선진국 경제와 다른 두 그룹 간에 지수의 분포는 많이 겹친다.

구조 개혁의 효과

우리는 개혁이 성장과 불평등에 미치는 효과를 평가하기 위해 표준적인 통계적 접근(회귀 모델)을 사용한다(부록 참고). 그림 4.3은 모든 개혁 지수들에 대해 도표 형태로 분석 결과를 표시하고 있다. 그림은 구조 개혁 이후 1인당 GDP(퍼센트)와 지니계수(퍼센트포인트)의 장기적인 변화를 보여 주는데, 이들 개혁이 수반하는 중장기적 변화를 보면 형평성과 효율성 사이에는 트레이드오프가 있다. 우리는 이 그림에서 개혁 지표들이 중간값에서 75분위로 이동할 때의 영향을 고려한다. 우리의 결론은 무엇인가?

첫째로, 국내 금융 시스템에 대한 개혁을 생각해 보자. 개혁 지표가 중간값에서 75분위로 변화할 때 장기적으로(수십 년에 걸쳐) 1인당 GDP에 미치는 영향은, 평균소득의 25퍼센트 증가 및 불평등의 2퍼센트포인트 증가이다. 이론적으로 보면 국내 금융 개혁이 불평등에 미치는 효과는 분명하지 않다. 한편으로 보면 개혁은 신용 제약을 완화함으로써 금융 포용을 확대하고, 이에 따라 불평등을 낮출 수 있다(Galor and Zeira, 1993). 또한 다른 한편으로는 부자들이 공식적인 금융 부문에 대한 접근성이 더 좋다면, 추가적인 금융 심화financial deepening는 부자들에게 더 이로운 것일 수 있다(Greenwood and Jovanovic 1990). 우리의 경험적 증거들은 후자의 효과가 지배적임을 보여 준다.

전체 표본의 나라들을 대상으로 할 때, 금융 세계화(혹은 자본계정의 자유화)는 생산 증가에 기여하지만, 불평등을 크게 심화시킨다. 이 점에 대해서는 다음 장에서 더 자세하게 살펴볼 것이다.

관세를 낮추는 것은 불평등에 특별한 영향을 미치지 않으면서 장기적으로(수십 년에 걸쳐) 1인당 GDP를 15퍼센트 증가시키는데, 이는 무역 자유화가 성장에 긍정적인 영향을 미친다는 삭스와 워너, 프랑켈과 로머의 주장에도 부합한다(Sachs and Warner 1995; Frankel and Romer 1999). 그러나 무역 자유화에 대한 다른 분석—비관세 장벽을 고려한 경상계정의 자유화 지수—에 따르면, 이는 생산에 영향을 미칠 뿐만 아니라 불평등을 증가시키는 요인이기도 하다. 중간값에서 75분위로의 개혁 지수의 증가(미국과 비교한 2005년의 온두라스 혹은 트리니다드토바고)는 장기적으로 1인당 GDP를 12퍼센트 증가시키고, 지니계수를 2.8퍼센트포인트 상승시킨다.

네트워크 산업의 개혁은 성장에 기여하지 않는 것으로 보인다. 그러나 이들 개혁이 성장에 미치는 영향은 나라별로 크게 다르다. 특히

그림 4.3 구조 개혁이 성장과 불평등에 미치는 영향

구조 개혁은 장기적으로 소득과 불평등을 증가시키고, 효율과 형평성 사이의 트레이드오프를 제기한다.

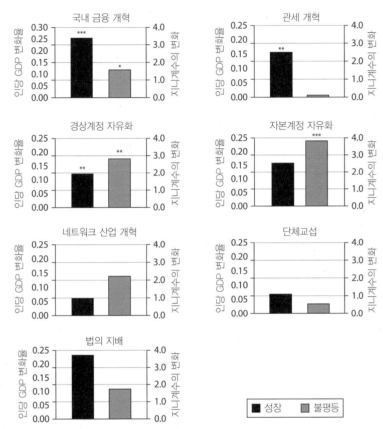

주: 각 패널은 해당 변수가 중간값에서 75분위로 변화할 때 소득과 불평등 수준에 미치는 영향을 보여준다. 각 패널에서 첫째 막대기(및 좌축)는 개혁으로 인해 50년에 걸쳐 발생하는 1인당 GDP의 변화율을 보여 준다. 둘째 막대기(및 우축)는 유사한 개혁으로부터 50년에 걸쳐 발생하는 지니계수의 변화를 보여 준다. 통계적 유의성은 막대기 위의 별표로 표시되어 있다(***: p ⟨ 0.02, **: p⟨ 0.05, *: p ⟨ 0.1)
출처: Ostry, Berg, and Kothari (2018).

중소득 국가와 저소득 국가의 경우 부패 수준에 크게 좌우된다. 부패 수준이 높은 많은 나라들의 네트워크 산업 개혁은 채취산업extractive industries에서 독점을 만들어 낼 가능성이 높은데, 이러한 독점은 일부 사람들을 부유하게 하지만 전반적인 성장의 이득을 제공하지는 않는다. 게다가 네트워크 산업 개혁은 높은 수준의 불평등과 연관되어 있다. 개혁 지표가 중간값에서 75분위로 변화할 때(호주와 비교한 2005년의 인도), 불평등은 2포인트 증가한다. 네트워크 산업 개혁의 경우처럼 단체교섭 지수도 성장에 유의미한 영향을 미치지 않는 것으로 보인다.

사법 시스템의 질을 개선하는 것은 성장에 큰 도움이 된다. 중간값에서 75분위로의 개혁 지수의 증가(포르투갈 혹은 일본과 비교한 2005년의 베트남)는 장기적으로 1인당 GDP를 39퍼센트 증가시킨다. 반면에 사법 시스템 개혁은 불평등에는 매우 미미한 영향을 미치는 것으로 보이고, 그 효과는 유의하지 않다. 전반적으로 사법 부문의 개혁은 성장에는 이롭지만 불평등을 심화시키지는 않는다는 점에서 트레이드오프를 수반하지 않는다. 아마도 이들 개혁은 재산권의 행사 가능성을 높이지만, 동시에 모두에게 공평한 경쟁의 장을 제공하기 때문에 분배상의 부정적인 효과 없이 성장을 증가시키는 것으로 보인다. 그러나 정책의 관점에서 보면 약간의 주의가 필요하다. 우리가 한 것은 사실상의 측정, 즉 법의 지배rule of law라는 인식에 대한 주관적인 설문조사 방식이다. 그것이 특정한 개혁과 어떤 관련이 있는지는 분명하지 않다.

그림 4.4 구조 개혁이 성장과 불평등에 미치는 영향(중소득 국가와 저소득 국가)

중소득 국가와 저소득 국가에서 구조 개혁은 효율성과 형평성 사이의 트레이드오프를 제기한다.

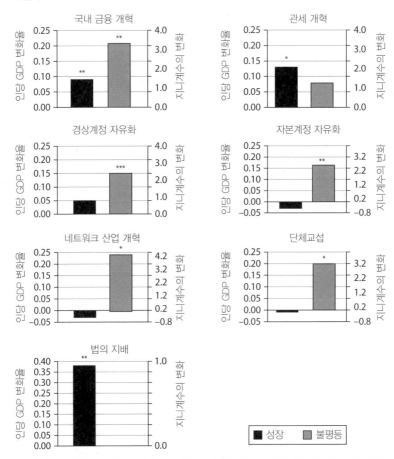

주: 각 패널은 개혁 지수가 중간값에서 75분위로 변화할 때 소득과 불평등 수준에 미치는 영향을 보여 준다. 좌측 막대기와 각 패널의 스케일은 개혁으로 인해 야기되는 50년에 걸친 1인당 GDP의 변화분(증가율)을 보여 준다. 우측 막대기와 각 패널의 스케일은 동일한 개혁으로 인해 야기되는 50년에 걸친 지니계수의 변화를 보여 준다. 통계적 유의성은 막대기 위의 별표로 표시되어 있다(*** p ⟨ 0.01, ** p ⟨ 0.05, * p ⟨ 0.1.).
출처: Ostry, Berg, and Kothari (2018).

그림 4.4는 저소득 국가와 중소득 국가에 한정된 사례이다. 이 나라들에서 특징적인 것은 무엇인가? 전체 나라들과 비교해 보면, 국내 금융 개혁은 생산에는 약간 영향을 미칠 뿐이지만, 불평등을 상대적으로 크게 증가시킨다. 관세 자유화와 경상계정의 자유화 지수는 다소 상이한 결과를 보여 준다. 전자의 경우 후자보다는 좀 더 바람직한 결과, 즉 상대적으로 높은 소득 효과와 상대적으로 낮은 불평등 효과를 낳는다.

중요한 점은 저소득 국가와 중소득 국가라는 제한된 표본의 경우, 자본계정의 자유화는 성장에는 별다른 긍정적 효과가 없지만 불평등의 증가를 야기한다는 것이다. 이들 나라들에서 중간값에서 75분위로의 지수의 변화(미국과 비교한 2005년의 케냐 혹은 필리핀)는 불평등을 2.6포인트 증가시킨다. 해외 금융 자유화가 성장에 미치는 영향은 유출입되는 자본의 구성에 크게 의존하는데(Blanchard, Ostry, Ghosh, and Chamon 2016; 2017), 불평등에 대한 영향도 마찬가지일 것이다. 외국인직접투자는 성장에 도움이 되지만, 숙련의 프리미엄을 높임으로써 불평등을 증가시킬 수 있다. 다른 한편으로 단기부채의 흐름은 갑작스러운 자본 유출과 금융위기의 가능성을 높일 수 있으며, 이에 따라 불평등을 증가시키면서 대체로 성장에도 해로울 수 있다. 경험적인 증거들에 따르면, 자본계정의 자유화는 성장에는 미미한 영향을 끼치면서도 불평등을 매우 크게 증가시킨다는 점에서 성장과 형평성 간의 뚜렷한 트레이드오프를 보여 준다.

저소득 국가와 중소득 국가에서 노동 개혁은 불평등을 증가시킨다는 증거들이 있다. 덜 집권화된 시스템은 더 많은 고용을 창출할 수 있지만, 임금의 불평등을 증가시키는 경향이 있고, 이 효과는 거시 자료들에서 지배적인 것으로 보인다. 분권화된 시스템에서 노동자의 교섭 능력의 약화는 불평등의 증가로 이어질 수 있다.

요약하자면, 많은 개혁들은 성장을 증가시키는 동시에 불평등을 증가시킨다. 높은 수준의 불평등이 성장을 저해할 수 있다는 제3장에서의 우리의 발견은 다음 질문을 제기한다. 즉 성장에 대한 개혁의 총체적인 효과는 무엇인가? 즉 개혁으로 인해 불평등이 심화된다는 점을 고려한다면, 개혁이 성장에 미치는 효과는 결과적으로 얼마나 줄어들게 될까? 그리고 그 효과는 여전히 긍정적일까? 이 질문에 대답하기 위해 우리는 성장과 불평등에 대한 각각의 분석으로부터 얻은 결과들을 종합하는 단순한 계산을 수행하였다.

그림 4.5는 이 계산의 결과를 보여 준다. 국내 금융 개혁의 경우, 평균소득에 대해 상당히 긍정적인 직접 영향을 미친다. 불평등이 성장을 저해하는 효과는 이 직접적인 효과를 부분적으로 상쇄하며, 따라서 전체적인 효과는 여전히 긍정적이다. 경상계정 자유화의 경우, 직접적인 효과와 간접적인 효과는 서로를 상쇄시킨다. 자본계정 자유화는 표본의 모든 나라들에서 평균소득에 대해 전체적으로 긍정적인 영향을 미친다. 하지만 저소득과 중소득 국가에 대해 유사한 계산을 해 보면, 소득에 대한 직접적인 효과는 미미한 반면 불평등에 대한 영향은 크기 때문에 전체적으로는 부정적인 영향을 미친다는 점을 다시 강조하고자 한다.

그림 4.5 1인당 GDP 수준에 대한 구조 개혁의 직간접적 효과들

소득에 대한 개혁의 전체적인 효과는, 직접적인 효과뿐만 아니라 개혁으로 인한 불평등의 증가가 성장을 저해하는 간접적 효과에도 의존한다.

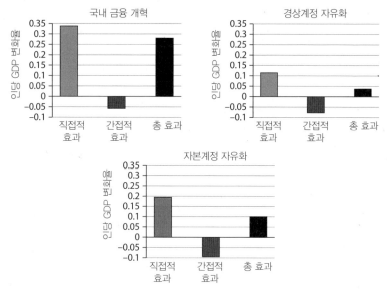

주: 각 패널은 1인당 GDP에 대한 구조 개혁의 여러 효과들, 즉 장기적인 직접적 효과, 간접적 효과(불평등의 증가를 통한 것) 그리고 전체적인 효과(직접적 효과와 간접적 효과의 합계) 모두를 보여 준다. 성장에 대한 회귀분석에서 우리는 투자와 교육의 효과를 통제하였다. 불평등에 대한 회귀분석에서 시장소득 불평등이 종속변수로 사용됨에 따라, 우리는 성장에 대한 회귀분석에서 시장소득 불평등을 통제변수로 사용하였다. 이는 성장에 대한 회귀분석과 불평등에 대한 회귀분석을 결합할 때 일관성을 보장해 준다.
출처: Ostry, Berg, and Kothari (2018).

구조 개혁의 효과: 나라별 사례

앞에서 우리는 많은 개혁이 성장을 촉진하는 동시에 불평등을 심화시키는 경우를 보여 주었다. 그 증거들은 여러 나라의 경험을 집계한 것에 근거한다. 우리가 비록 최첨단 방법론을 사용하기는 했지만, 계량경제학적 분석은 인과성의 방향을 충분히 밝혀내지 못한다. 또한

성장과 불평등에 영향을 미치는 모든 요인들이 회귀분석에 포함되어 있다고 장담할 수도 없다. 따라서 앞에서의 증거들을 여러 나라들의 성장과 불평등의 역사에 대한 서술—그리고 환경에 대한 정치적 담론—로 보완할 필요가 있다.

그림 4.6 구조 개혁이 성장과 불평등에 미친 영향(나라별 사례)

선택된 나라들에서 개혁 이전과 이후의 불평등을 살펴보면, 대부분의 사례들에서 개혁 이후에 성장과 불평등 모두 증가하였다.

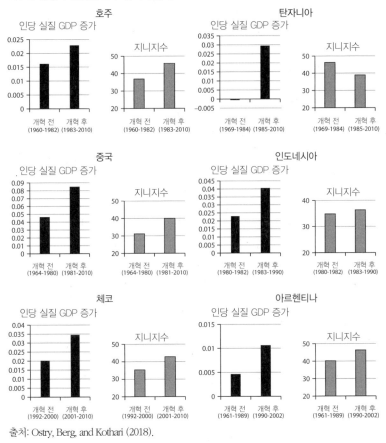

출처: Ostry, Berg, and Kothari (2018).

이러한 작업을 위해 우리는 나라들을 세 범주로 분류하고, 각각의 사례에서 세부적인 분석을 위해 두 개의 나라들을 선별했다. (1) 여러 분야에서 폭넓은 개혁이 수행된 나라들—호주와 탄자니아, (2) 국내 금융 혹은 무역에서 큰 변화가 있었던 나라들—중국과 인도네시아, (3) 자본계정의 자유화 혹은 네트워크 산업의 개혁을 강력하게 밀어 붙인 나라들—체코 공화국과 아르헨티나 등이다.

개혁의 시점은 구조 개혁 지수들과 사례 연구에서 얻은 정보에 근거하여 선택되었다. 그림 4.6은 사례로 선택된 나라들의 개혁 이전과 이후의 성장과 불평등을 보여 주는데, 개혁이 단행된 이후 성장과 불평등 모두 증가하였다. 개혁으로부터의 성장 충격은 다른 저자들에 의해 광범위하게 연구되어 왔다. 우리가 주목하는 것은, 우리의 패널 회귀분석과 사례 연구에서 보이듯이, 개혁의 여파로 불평등이 증가하기도 했다는 것이다. 다음으로 우리는 서술적 증거들이 문헌 연구에서 논의된 메커니즘에 대해 어떤 의미를 갖는가를 살펴볼 것이다.

광범위한 개혁

호주 1980년대와 1990년대에 호주는 이자율 제한과 일부 은행대출 규제의 철폐, 경쟁을 촉진하기 위한 조치 등을 포함하는 광범위한 국내 금융 부문의 개혁을 시행하였다. 또한 1980년대에서 1990년대에 걸쳐 포괄적인 무역 자유화를 단행했는데, 여기에는 부문 간 관세의 단계적인 축소 등이 포함된다. 노동시장의 유연성을 높이기 위해서는 단체교섭 시스템을 정비했다. 또 1991년에 주요한 국내 금융 개혁이 있었고, 1996년에는 네트워크 산업 개혁이 있었다.

이런 개혁이 호주의 성장에 도움이 되었음은 널리 인정되고 있다. 호주는 지난 20여년에 걸쳐 꾸준한 성장을 경험했다. 비벡 아디카리 Bibek Adhikari 등은 개혁 이후 호주의 경제성장이 비슷한 개혁을 하지 않은 동료 나라들에 비해 훨씬 뛰어났음을 보여 주고 있다(Adhikari, Duval, Hu, and Loungani 2018). 여기서 주목할 점은 이 시기의 개혁 이후에 시장소득의 불평등도 증가했다는 점이다. 시장 지니는 1991년 42에서 2005년 47로 상승했다. 이러한 분배 악화에 대한 우려는 호주에서 정치 담론의 일부가 되어 왔지만(Conley 2004), 강력한 경제성장과 확장적인 재분배정책 덕분에 주목받지는 못했다(Greenville et al. 2013).

탄자니아 탄자니아는 주요한 개혁을 두 차례 시행했다. 1986년의 경제회복 프로그램은 교역과 환율의 자유화에 초점을 맞추었고, 두 번째인 1990년대 중반의 시도는 금융과 노동시장의 개혁 및 민영화에 초점을 맞추었다. 개혁은 높은 성장으로 이어졌다. 탄자니아의 1인당 GDP 성장률은 1985~2010년 동안에 연간 3퍼센트에 달했는데, 이는 과거의 성장률 수준을 상회하는 것일 뿐만 아니라 비슷한 나라들에 비해서도 높은 것이었다.

그러나 광범위한 개혁을 시행한 많은 다른 나라들의 경험과는 달리, 불평등은 시간이 흐를수록 개선되었다. 노동집약적인 제조업으로의 다변화에 성공한 것이 그 이유로 거론되기도 하는데, 어쨌든 탄자니아가 분배에서 바람직한 결과를 얻은 이유가 충분히 설명되었는

가에 대해서는 아직도 논란이 있다(Atkinson and Lugo 2014). 또한 최근
의 분배상 개선에 대해서도 약간의 우려가 있다. 볼커 트라이첼Volker
Treichel은 2001년과 2007년 사이의 강력한 거시경제적 성과에도 불구
하고, "탄자니아의 사회적 지표들과 빈곤 지표들은 전체적으로 보면
지난 수십 년에 걸쳐 실질적으로는 개선되지 않았으며," 지표의 개선
은 상업 수도인 다르에스 살람Dar es Salaam에 국한된 것이었다고 언급
했다(Treichel 2005).

　일반적으로 광범위한 개혁을 수행하는 나라들에서는 성장과 불평
등 모두 증가한다. 인도(1990년대 중반 이후의 개혁), 우간다(1990~1995),
코스타리카(1990년대), 가나(1980년대 후반), 모잠비크(1990년대 중반), 르
완다(1990년대 초기) 등이 그러한 사례들이다.

교역과 국내 금융에 초점을 맞춘 개혁

중국 중국은 1980년대 후반부터 교역의 자유화와 국내 금융 부문의
개혁에 착수했다. 네트워크 산업의 개혁과 자본계정의 개방은 훨씬
이후인 2000년대의 일이다. 경험적 증거들에 따르면, 대규모의 성장
충격은 최초에는 교역과 금융 부문의 개혁에서 비롯되었고, 그 충격
이 진정되면서 속도도 점차 둔화되었다. 불평등은 증가했는데, 이후
개혁이 분배에 큰 영향을 미치면서 시간이 흐름에 따라 그 충격도 점
차 커진 것으로 보인다. 잘 알려져 있듯이, 중국은 개혁에 착수한 이
후 주목할 만한 수준의 성장을 달성해 왔다. 그 결과 수백만 명이 절
대적인 빈곤에서 구제되었다. 동시에 불평등도 극적으로 증가했는데,

도시와 농촌 지역의 소득 격차와 더불어 해안지역과 내륙지역의 격차도 점차 커졌다(Yang 1999; Tsui 1996). 자료에 따르면 자본계정의 자유화가 진행됨에 따라 그러한 분배 충격은 계속 커질 것이고, 성장 그 자체에 미치는 영향을 포함한 부정적인 충격을 억제하기 위해 재분배와 다른 수단을 통한 조치가 필요해질 것이다. 중국과 비슷한 수출 지향적 전략을 채택했던 아시아의 다른 많은 나라들은 최근 수십 년에 걸쳐 불평등 심화를 겪은 바 있다.

인도네시아 원유에서 얻는 수입 감소와 국제수지 문제에 직면한 인도네시아 정부는 시장 지향적인 방향으로 전환을 시도했다. 금융 시스템에 대한 규제 완화는 두 단계에 걸쳐 진행되었다. 1983년에는 거의 모든 은행의 대출에 대한 통제가 폐지되었고, 국영은행의 예금이자율 상한이 폐지되었다. 1988년에는 은행의 예대금리에 대한 통제가 변화하고 은행 진입 규제도 완화되었다. 로스 매클레오드Ross McLeod 에 따르면, "1983년 6월과 1988년 10월 패키지의 결합은 인도네시아의 은행 시스템을 불과 5년 만에 크게 변화시켰는데, 이는 국영은행의 지배와 정부가 개입하는 관료적인 질식 상태로부터 벗어나 민간 부문이 주도하는 효율적인 기관으로의 변화였다"(McLeod 1994). 개혁은 GDP 대비 민간신용의 비율을 1980년의 10퍼센트에서 1990년의 50퍼센트로 증가시키면서 금융 심화로 귀결되었다. 그러나 금융 포용financial inclusion에서의 개선은 훨씬 느리게 진행되었는데, 인도네시아는 이 분야에서 아시아의 동료 나라들에 비해 뒤처져 있다. 성장

은 개혁의 여파로 크게 촉진되었고, 그 덕분에 인도네시아는 1988년
의 개혁과 아시아 위기 사이의 10여 년에 걸친 기간 동안 기적을 행
한 것으로 칭송받았다. 그러나 바로 그 기간에 불평등도 증가했다. 아
준 자야데브Arjun Jayadev는 이를 다음과 같이 묘사했다. "새로운 체제
아래에서 (풍부한 신용에 의해 지원받은) 급속한 도시의 성장은 사람들을
무급 가족 노동과 농업 부문에서 도시로 이동시킴으로써 고용 패턴
을 변화시켰다. 동시에 저숙련 노동자들에게 고용을 제공하던 부문
은 쇠퇴했고," 이는 임금 격차를 악화시켰다(Jayadev 2005).

자본시장 개방과 네트워크 산업 개혁의 추진

체코 공화국 이행기 경제 중에서 체코 공화국은 "이행 과정의 초기에
상당히 높은 수준의 자본계정 자유화를 달성했다는 점에서 (…) 선구
자 역할을 했다"(Arvai 2005). 자본 유입의 자유화는 자본 유출 제한을
철폐하는 것보다 더욱 빠르게 진행되었다. 외국인직접투자는 1990년
대 초기에 자유화된 주요한 첫 번째 항목이었다. 1995년 9월에는 보
다 많은 자본 거래들이 법률적으로 자유화되었고, 1995년 12월에 경
제협력개발기구에 가입했다. 성장과 불평등은 다른 이행기 경제에서
와 마찬가지로 증가했다. 그러나 일부의 관찰자들은 체코 공화국이
성장에서 상대적으로 뒤처졌으며, 분배 상황은 더욱 악화되었다는
점에 주목했다. 이는 체코 공화국이 자본계정의 자유화와 같은 시장
친화적인 개혁에 과도하게 초점을 맞춘 반면, "기업과 은행들이 제대
로 기능할 수 있는 법률체계, 지배구조의 확립 등의 필요성을 대체로

무시했기" 때문이었다(Svejnar 2002). 2005년 체코 공화국의 지니계수는 1990년대에 비해 7.5포인트 더 높았는데, 이는 다른 중부유럽 이행기 경제들에 비해 평균적으로 3배에 달하는 것이었다.

아르헨티나 1990년에 아르헨티나는 국영 통신회사를 민영화했다. 이는 대량 실직, 특히 새로운 일자를 찾기 어려운 저숙련 노동자들의 실직에 영향을 미치면서 즉각적인 거시경제적 충격을 야기했다. 민영화 이후 통신요금이 점진적으로 하락하기는 했지만, 빈자들이 많이 사용하는 지역 요금보다는 부자들이 많이 사용하는 상업적인 장거리 구간에서 훨씬 빨리 하락했다(Galperin 2005). 이것은 개발도상국들, 특히 남미의 전형적인 사례이다. 운송업과 통신업에서 국가 독점의 종언은 저숙련 노동자의 실직, 물가 인상, 실질 생산의 감소 등을 통해 소득 불평등을 증가시켰고, 동시에 권력자들과 부자들에게 실질적인 혜택을 가져다주었다(Auriol 2005; McKenzie and Mookherjee 2003). 남미 국가들의 심각한 불평등을 초래한 요인들은 다양하지만, 특히 네트워크 산업의 개혁이 중요한 역할을 한 것으로 평가된다.

구조 개혁의 설계

이 책의 서문에서 언급한 바와 같이, 전통적으로 경제학자들은 어떤 정책이 효율성에 미치는 영향에만 주목하고 형평성에 미치는 영향은 무시해 왔다. 우리의 분석 결과에 따르면, 대체로 측정 가능하고 중요한 분배상의 영향들은 구조 개혁과 연관된다. 우리가 이 사실에 주목하는 것은 정책 담당자들이 개혁을 추구하지 말아야 한다고 주장하기 위해서가 아니다. 반대로 우리의 분석 결과에 따르면 많은 개혁이 불평등에 대한 효과를 고려한 이후에도 성장에 긍정적인 영향을 끼친다. 오히려 우리는 특정한 분배 결과를 염두에 두고 설계된 개혁이 필요하다는 점을 강조하고자 한다.

또한 우리의 분석은 개혁에 따른 성장의 개선이 항상 당연한 것은 아님을 보여 준다. 자유시장, 거시경제적 규율 그리고 세계화라는 정책의 컨센서스는 널리 받아들여져 왔지만, 그로부터 이탈하는 것의 비용이 크지는 않을 수 있다. 실제로 시간이 흐른 이후, 칠레가 그러한 컨센서스를 얼마나 엄격하게 고수해 왔는가라는 점도 다시 평가되고 있다. 많은 사람들의 견해는 칠레가 "적절한 규제와 시장을 결합한 성공적인 사례"라는 스티글리츠의 입장과 비슷하다(Stiglitz 2002). 특히 스티글리츠는 칠레가 신자유주의로의 이행 초기에 "자본 유입에 대한 통제"를 부과한 덕분에, 위기(1997~1998년의 아시안 위기)에 빠졌던 태국과 달리 침몰하지 않을 수 있었다는 점에 주목한다. 이후 경제와 금융시장이 더욱 발전함에 따라 칠레는 이러한 자본 통제를 완화하기에 적합해졌다. 칠레와 다른 나라들의 경험은, 모든 시기의 모든 나라들에서 좋은 결과를 보장하는 불변의 방침은 없음을 보여 준다.

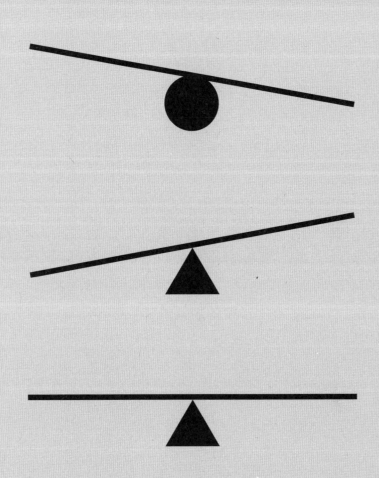

제5장

금융 세계화와 불평등

1979년 6월, 이제는 상징이 되어 버린 선거에서 승리한 지 얼마 지나지 않아 마가렛 대처Margaret Thatcher는 행동에 나섰다. 지지자들은 "그녀의 가장 뛰어나고 가장 혁명적인 법안 중 하나"로 꼽은 반면(Heath 2015), 반대자들은 "단지 고통으로 판명 나버린"(Schiffrin 2016) 세계적 흐름의 시작이라고 개탄한 일이다.

　과연 어떤 조치들이었을까? 대처는 돈을 영국 국경 안팎으로 자유로이 옮기는 걸 막았던 여러 제한을 없애 버렸다. 「텔레그래프*The Telegraph*」는 "경제적 암흑기인 1970년대에" 영국 국민들은 "해외 부동산을 사들이고 해외 주식을 구입하거나 휴가 자금 재원을 조달하는 일 따위에 대해 잊어버릴 수 있었다. (…) 경제적 충격은 파괴적이었다. 기업들은 자신들조차 돈을 본국으로 다시 가지고 들어가는 게 까

다로워서 영국에 투자하기를 꺼렸다"고 적었다. 대처는 "이 모든 터무니없는 규정들을 제거했고 영국의 자본계정을 자유화시켰다." 대처의 금융 개방 행보에 뒤이어, 1984년에는 독일이 그리고 이후 10년 사이에 다른 유럽 국가들과 라틴아메리카, 아시아의 신흥시장 국가들이 같은 길을 따랐다.

IMF는 1997년 10월 홍콩에서 열린 연례회의에서 각국이 완전한 자본계정 자유화와 국경을 넘는 자금의 이동을 제한하는 조치들을 지속적으로 폐지해야 하는 이유를 제시했다. 스탠리 피셔Stanley Fischer 당시 IMF 부총재는 자유화를 일러 "벗어날 수 없고 반드시 받아들여야만 하는 발전 과정의 불가피한 단계"라고 말했다. 피셔는 자유화가 "역내 거주자와 정부가 유리한 조건에서 돈을 빌리거나 빌려줄 수 있게 해 줄뿐더러, 국내 금융시장이 선진 금융기술을 받아들여 더욱 효율적으로 변하고, 결과적으로 더 나은 투자와 저축의 배분을 가져오는 걸 보장한다"고 강조했다(Fischer 1997). 피셔는 자유화로 인해 "경제가 시장의 분위기에 따라 널뛰는 취약성이 증대한다"는 점을 인정하면서도, 자본계정의 개방이 가져올 잠재적 혜택이 치러야 할 비용보다 크다고 주장했다. 2015년부터 2018년까지 IMF 수석 이코노미스트로 일한 모리스 옵스트펠드Maurice Obstfeld도 당시 자본계정 자유화의 "잠재적 이점에 대해 경제이론은 한 치의 의심도 없다"고 지적했다(Obstfeld 1998).

하지만 금융 세계화를 비판하는 목소리도 있었다. 하버드의 경제학자 대니 로드릭Dani Rodrik은 위기 리스크가 커졌다는 점에서 비용은 높은 데 반해, 자본계정 자유화의 편익에 관한 증거는 찾기 힘들다고 주장했다. 로드릭은 자본이 전 세계를 무대로 자유로이 이동하도록 허용하는 건 "런던, 프랑크푸르트, 뉴욕의 20대 중반, 기껏해야 30대 애널리스트들의 기분과 취향에 경제를 볼모로 내맡기는 꼴이며, 해외 투자자들을 기쁘게 하는 일에 최우선 순위를 둔 재무장관은 경제 발전이라는 목표에 관심을 거의 쏟지 않을 것"이라고 경고했다(Rodrik 1998). 심지어 옵스트펠드와 같은 몇몇 자본계정 자유화 찬성자들조차 "편익과 위험의 양면성은 현실 세계에선 피할 수 없다"며 주의를 환기했다.

지난 몇십 년에 걸친 증거는 이런 견해가 선견지명이었음을 증명했다. 자유화가 경제 변동성의 확대와 금융위기로 이어진 사례는 수없이 많은 데 반해, 투자 확대와 성장의 관점에서 볼 때 자유화의 편익을 확정하기란 여전히 어렵다. 오히려 다수, 특히 가난한 사람들에겐 정반대의 결과를 낳고 있다. 1980년 이래 자본 유입이 급증한 사례는 50곳 이상의 신흥시장 경제에서 대략 150개 남짓 된다. 이 가운데 20퍼센트는 결국 금융위기를 불러왔고 상당수는 생산의 대폭 감소로 이어졌다(Ghosh, Ostry, and Qureshi 2016).

우리의 작업은 여기에 추가 비용을 덧붙인다. 형평성에 미치는 충격 말이다. 자유화는 회사와 노동자(경제학자들의 용어에 따르자면 각각 자본과 노동을 뜻한다) 사이의 상대적 협상력에 영향을 준다. 일반적으로 자본이 노동에 비해 훨씬 쉽게 한 나라의 경계를 넘어 이리저리 이동할 수 있기 때문이다. 생산기지를 해외로 옮길 수도 있다는 위협은 노동자의 협상력을 떨어뜨리고, 결국 노동자에게 돌아가는 소득 몫을 줄일 수 있다.

금융 세계화 측정하기

1950년대부터 IMF는 각국이 국경을 넘는 다양한 금융거래에 대해 시행하는 제한 조치들을 표로 정리해 왔다. 친과 이토는 이들 자료를 이용해 나라마다 얼마나 많은 제한 조치들이 시행되어 왔는지, 또 시간이 흐르면서 제한 조치가 어떻게 완화되거나 강화되었는지를 덧붙인 척도를 만들었다(Chinn and Ito 2006). 지수를 이용할 수 있는 나라는 모두 182개국이다. 비록 전부는 아니지만 많은 경우에 1970년에서 2010년까지의 시기를 대상으로 하며, -2(더 제한적인 자본계정)에서 2.5(덜 제한적) 사이의 값을 띤다(그림 4.1의 오른쪽 아래 참조-옮긴이). 자본계정 개방 점수는 소득 집단에 따라 달라지는데, 높은 제한 조치는 저소득 국가와 중하위 소득 국가에서 전형적으로 나타났다.

의도적이고 중요한 정책 조치, 예컨대 대처의 자본계정 자유화와 같은 정책만으로 지수의 변화를 모두 설명할 수 있으리라 보긴 어렵다. 당시 대처의 행동은 커다란 관심을 끌었지만, 그 밖에 정부가 취한 조치들을 추적하는 데는 어려움이 따른다. 따라서 우리는 지수상의 큰 변화를 근거로 중요한 정책 변화의 타이밍을 추론하려고 한다. 특히 우리는 연간 변화가 우리 데이터세트상의 모든 관측치에 대한 연간 평균 변화의 2표준편차를 초과한다면 금융 개방이 일어난다고 추론한다(즉 0.76을 초과할 경우). 이러한 기준에 따라 224개 자유화

그림 5.1 자본계정 자유화 사례의 수

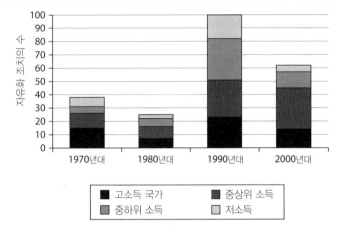

출처: Furceri, Loungani, and Ostry (2018).

사례를 특정할 수 있는데, 대부분은 지난 20년 사이에 발생했다(그림 5.1). 가장 많은 비중을 차지하는 금융 자유화 사례는 1990년대 동안, 그리고 중소득 국가에서 일어났다.

금융 자유화의 효과

금융 세계화가 이뤄진 이후 생산량과 불평등에는 어떤 일이 벌어질까? 그림 5.2에서 알 수 있듯이, 금융 세계화 조치 이전 몇 년간 생산량의 증가율은 평균적으로 4퍼센트를 밑돈다. 이후엔 매우 짧은 시간 동안 상승세를 경험하지만(4퍼센트까지), 5년 뒤엔 그 효과가 점차 사라졌다. 대신 불평등은 계속 늘어나 5년 안에 지니계수가 44에서 거의 45.5까지 높아졌다.

이 결과를 좀 더 공식적으로 테스트해 보자. 그림 5.3은 금융 개방

그림 5.2 자본계정 자유화 전후의 성장과 불평등

자본계정 자유화 이후 불평등은 지속적으로 증가하는 데 반해, 생산량 증대의 성과는 작고 단기적이다.

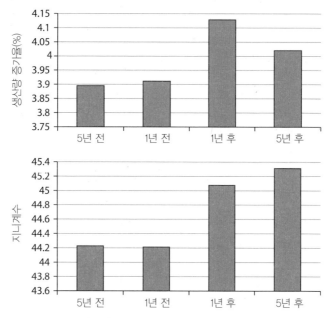

출처: Furceri and Loungani (2017).

조치가 단행된 이후 생산량과 불평등에 어떤 일이 벌어지는지를 추적한다. 자유화의 추정 효과를 나타내는 것인데, 아마도 실제 효과는 경계를 보여 주는 점선 사이 어딘가에 존재할 것이다. 분석 결과는 자본계정 자유화 조치가 생산량에는 의미 있는 영향을 주지 못했음을 암시한다(반짝 상승세). 하지만 소득 불평등 측면에는 명백하고 장기적인 영향을 끼쳤다. 자본계정 자유화 이후 지니계수가 단기적으로는(개혁 조치 이후 1년 뒤에) 0.8퍼센트, 중기적으로는(5년 뒤) 약 1.4퍼센트 높아진다.

양적인 의미에서 이런 효과들은 중요하다. 앞에서 언급했듯이, 지니계수는 시간에 따라 천천히 변화한다. 지니계수 변화의 표준편차는 2퍼센트다. 달리 말해, 지니계수 변화 폭이 2퍼센트를 밑돌 확률이 대략 70퍼센트라는 뜻이다. 따라서 그림 5.3이 보여 주는 효과들

그림 5.3 자본계정 자유화가 생산량과 불평등에 미치는 효과

자본계정 자유화 개혁은 생산량에 의미 있는 영향을 주지는 못했으나, 소득 불평등엔 명백하고 장기적인 효과를 가져왔다.

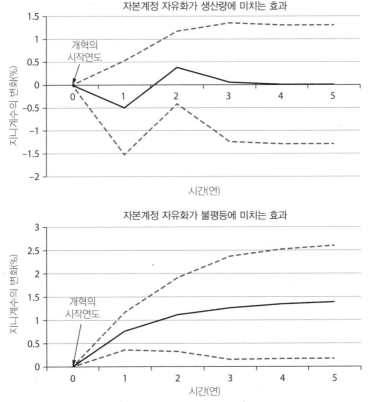

주: 굵은 선은 추정효과를(이른바 임펄스반응함수IRF), 점선은 90퍼센트 신뢰구간을 뜻한다.
출처: Furceri, Loungani, and Ostry (2018).

은 표준편차에 비해 꽤 크다. 간단히 말해 자본계정 자유화 조치가 불평등을 크게 증가시킨다는 이야기다. 그림 5.4는 상위 1퍼센트, 상위 5퍼센트, 상위 10퍼센트에 각각 돌아가는 소득 몫이 자본계정 자유화 개혁 이후 일제히 증가한다는 사실을 보여 준다.

경제학 교과서가 머릿속에 그리는 완전경쟁 모델에 따르면, 각 생산요소(자본과 노동)는 기업 이윤에 기여한 몫을 토대로 정당한 대가를 돌려받는다. 하지만 자본과 노동의 상대적 협상력에 따라 파이가 나뉘는 불완전 경쟁이 현실 세계에 좀 더 가까운 모습이다. 로드릭은 『세계화는 너무 멀리 간 것일까?*Globalization Gone Too Far?*』(1997)에서 자본계정 자유화가 생산요소 가운데 좀 더 유동적인 자본 쪽에 유리하게끔 운동장을 기울게 한다는 주장을 폈다. 자야데브도 마찬가지로 생산기지를 해외에 재배치할 것이라는 자본의 "긴급하고 그럴싸한 위협"으로 인해 노동자들이 협상력은 물론이고 자신들에게 돌아올 몫의 일부마저 잃는다고 주장했다(Jayadev 2007).

그림 5.5의 맨 위 그래프에서 알 수 있듯이, 우리가 얻어낸 결론은 이런 추측들과 일맥상통한다. 즉 자본계정 자유화는 노동소득 몫에 분명하고 장기적인 영향을 끼친다. 특히 추정값은 (자본계정 자유화) 개혁 조치가 전형적으로 노동소득 분배율을 단기적으로(개혁 조치 후 1년 뒤에) 약 0.6퍼센트포인트, 중기적으로는(개혁 조치 후 5년) 약 0.8퍼센트포인트 감소시킨다는 사실을 암시한다.

불평등 정도를 나타내는 지니계수의 경우와 마찬가지로 이 정도의 변화는 매우 큰 편이다. 노동소득 분배율 변화의 표준편차는 2.25퍼

그림 5.4 자본계정 자유화가 상위 소득 몫에 미치는 효과

자본계정 자유화로 인해 상위 1퍼센트, 상위 5퍼센트, 상위 10퍼센트의 소득 몫은 각각 늘어난다.

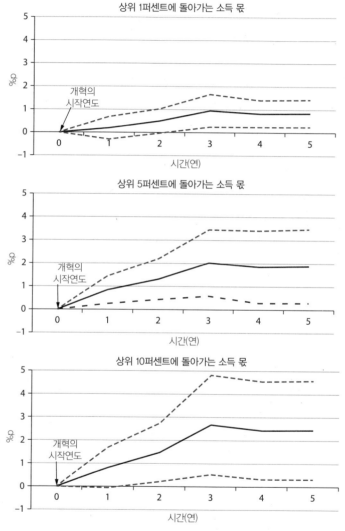

주: 굵은 선은 추정효과를(이른바 임펄스반응함수IRF), 점선은 90퍼센트 신뢰구간을 뜻한다. x축은 시간을 나타낸다. x축의 0년은 개혁 조치 당해 연도다.
출처: Furceri, Loungani, and Ostry (2018).

그림 5.5 자본계정 자유화가 노동 몫에 미치는 효과

자본계정 자유화 조치는 노동소득 분배율의 지속적인 감소로 이어진다.

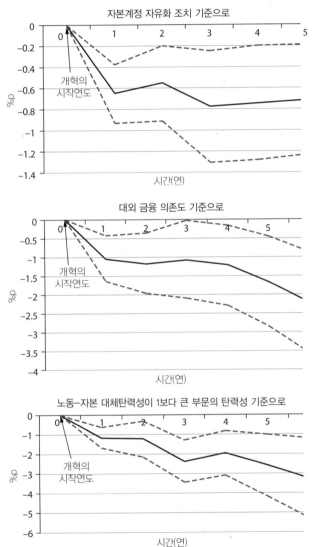

주: 굵은 선은 추정효과를(이른바 임펄스반응함수IRF), 점선은 90퍼센트 신뢰구간을 뜻한다. x축은 시간을 나타낸다. x축의 0년은 개혁 조치 당해 연도다.
출처: Furceri, Loungani, and Ostry (2018).

센트포인트다. 달리 말해, 노동소득 몫의 변화 폭이 2.25퍼센트포인트를 밑돌 확률은 대략 70퍼센트다. 따라서 자본계정 자유화가 노동소득 분배율의 커다란 감소와 맞물려 있다는 점을 알 수 있다.

앞서 제4장에서 살펴봤듯이, 경제통계 분석만으로는 인과관계의 방향을 확정하기 어렵다. 그런 이유로 우리는 경제통계 분석을 보완하고자 제4장에서 특정 국가들의 역사를 기술하는 방식을 활용했다. 여기서는 불평등이 정책 조치로 이어진 게 아니라, 반대로 정책 조치가 불평등을 불러왔을 뿐이라는 확신을 높여 주는 또 다른 기법을 활용해 보자. 이것은 경제 차원의(총합변수) 불평등 척도 대신에 산업 차원의(부문별) 데이터를 활용하는 기법을 말한다. 기본 개념은 특정 경제 부문의 불평등 변화 때문에 정부가 자본계정 자유화를 밀어붙이지는 않았으리란 점이다. 그림 5.5의 가운데 그래프에서 알 수 있듯이, 자본계정의 개방으로 노동소득 분배율 역시 줄어든다.

생산과정에서 자본(예를 들어 기계)이 노동을 훨씬 쉽게 대체할 수 있는 산업일수록 노동소득 분배율의 감소폭이 더 크다는 사실도 알 수 있다. 그림 5.5의 맨 아래 그래프가 이를 말해 준다. 이와는 반대로, 기계가 인간이 맡던 일을 쉽게 대체하지 못하는 산업에서는 노동소득 분배율의 변화가 적다. 이런 유형의 발견은 직관적으로 설명할 수 있다. 즉, 노동이 쉽게 대체되는 산업일수록 해외 자본의 자유로운 이동 흐름에 노출됐을 때 노동이 협상력을 잃을 가능성이 높다.

협상력 상실의 영향은 두 가지 이유에서 신흥경제국의 노동자보다 선진국의 노동자들에게 훨씬 가혹하리라 짐작된다. 첫째, 선진국

기업들은 임금 수준이 저렴한 해외로 생산기지를 재배치하겠다는 그 럴듯한 위협을 가할 수 있어서 더 유리한 조건에 놓여 있는 편이다. 둘째, 많은 신흥경제국에서 자본은 노동에 비해 희소하다. 해외 투자 자본의 유입은 노동에 대한 수요를 증대시켜 자본계정 개방에 따른 협상력 변화 효과의 일부나마 완화시켜 줄 수도 있다.

자본계정 자유화가 불평등에 미치는 영향은 불평등을 좌우하는 다른 여러 변수들(예를 들어 무역 개방, 정부 크기의 변화, 생산물시장과 노동시장 및 신용시장의 감독 등)이 설명된 이후에도 여전히 유효하다. 다른 연구자들(Quinn and Toyoda 2008)이 제시한, 자본계정 자유화를 측정하는 대안적 척도들을 사용하더라도 비슷한 결론에 이른다.

금융 세계화의 효과: 경로

자유화가 생산량에 미치는 영향은 적은 반면에 불평등에 미치는 영향은 크다는 사실이 말하는 바는 과연 무엇일까? 우리는 이전 연구 작업에서 추측했던 두 개의 핵심 경로를 살펴본다. 첫째, 해외 자본에 대한 개방은 변동성(되풀이되는 거대한 자본 유입과 유출)의 원천이 될 수 있다. 자유화 비판론자들은 이런 변동성이야말로 위기의 근원이라 주장한다.

예를 들어 로드릭은 1997년 당시 아시아 국가들에서 해외 자본이 순식간에 빠져나가면서 그들을 "극심한 위기의 수렁에 빠트렸다"고 주장했다(Rodrik 1998). 로드릭은 이것이 결코 "고립된 사건"이 아니고, "거품과 불황의 사이클은 국제적인 자본 흐름에서 부차적 사건이나 자그마한 흠결이라기보다는 오히려 핵심 줄거리"라고 지적한다.

둘째, 설령 자유화가 국내 차입자들이 자본에 접근할 수 있는 기회를 확대한다고 하더라도, 여기서 결정적 역할을 담당하는 변수는 해당국 국내 금융기관들의 역량이다. 많은 나라들에서 금융기관들은 광범위한 서비스를 제공하지 않고 있고, 다수의 사람들, 특히 가난한 사람들에겐 신용에 접근하는 통로가 막혀 있다. 이런 경제를 일러 흔히 금융 성숙도financial depth가 낮다(경제 규모에 비해 신용 규모가 작다)고 말한다. 이 같은 환경에서는 자유화가 주로 부유한 사람들의 금융 접근권을 확대하는데, 이 때문에 불평등에 미치는 영향은 악화되는 반면 생산량에 미치는 효과는 완화될 수 있다.

우리는 두 경로 모두에 대한 증거를 가지고 있다. 위기가 뒤따르고 금융 성숙도와 포용도가 낮을 경우, 자유화가 생산량과 불평등에 미치는 정반대 효과가 더 크다. 첫 번째 경로를 살펴보기 위해 우리는 자본계정 자유화에 이어 위기가 닥친 경우와 그렇지 않은 경우를 따로 분리했다. 그림 5.6에서 알 수 있듯이, (자본시장) 개방이 불평등에 미치는 영향은 두 경우 사이에 눈에 띄게 차이를 보였다. 특히 위기가 찾아온 경우 생산량은 5퍼센트 줄었고 불평등은 3.5퍼센트 증가했다. 반면에 위기가 따르지 않은 경우 생산량은 약간 증가했고 불평등은 그보다 적게 소폭 늘어났다.

자유화가 불평등에 미치는 영향도 금융 성숙도와 포용도에 따라 달라진다. 우리는 프레이저 연구소Fraser Institute가 취합한 지표를 활용해 금융시장이 성숙하지 않은 나라들을 다른 나라들과 분리했다. 금융

그림 5.6 자본계정 자유화가 생산량과 불평등에 미치는 효과

위기가 뒤따르고 금융 성숙도와 포용도가 낮을 경우, 자유화가 생산량과 불평등에 미치는 정반대 효과가 더 크다.

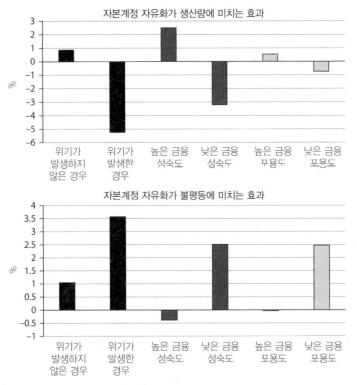

출처: Furceri, Loungani and Ostry (2018).

성숙도가 높은 나라에서 생산량은 증가하고 불평등은 줄어든다. 반면에 금융 성숙도가 낮은 나라에서는 생산량이 3퍼센트 줄어들고 불평등은 2.5퍼센트 증가한다. 마찬가지로 금융 포용도가 낮은 나라(극소수만이 은행계좌와 금융 서비스에 접근할 수 있는 나라)의 경우, 자유화가 생산량에는 별다른 영향을 주지 못하지만 불평등은 크게 증가시킨다.

저소득 국가에 주는 정책적 시사점

최근 몇 년 사이 국가 내 소득 불평등 확대에 새롭게 관심이 쏠리고 있다. 주된 초점은 선진국과 신흥경제국에 맞춰져 왔다. 하지만 많은 저소득 국가 역시 1980년대 후반부터 2000년대 초반에 이르기까지 그리고 최근 들어 다시 소득 불평등 확대를 경험했다. 일부 관찰자들은 이 시기에 불평등이 확대된 사실과 이들 나라에서 해외 자본 개방도가 높아진 사실 사이엔 연관성이 있다고 지적했다(Goldin and Reinert 2012). 다른 그룹의 나라들과 비교해 봤을 때, 저소득 국가들은 현재 자본계정에 더 많은 제한을 두고 있고, 따라서 앞으로 제한이 풀릴 여지가 훨씬 큰 편이다. 결국 자본계정의 추가 개방에 따를 결과를 이해하는 일은 가까운 장래에 이들 저소득 국가에겐 중요한 정책 이슈가 될 것이다. 전체 표본과 마찬가지로, 이들 나라에서는 자본계정 자유화 조치가 불평등 확대를 불러왔다. 이집트 같은 몇몇 나라의 경우엔 그 정도가 특히 심했다(그림 5.7 참조).

고소득 국가HICs들이 걸어온 길을 따라 자본계정 자유화를 결정할 때, 저소득 국가의 정책결정자들은 분배에 미치는 효과를 고려할 뿐만 아니라, 개방의 열매를 모든 사회계층이 누릴 수 있도록 보완 조치를 강화해야 한다. 일반적으로 이들 나라 대부분이 금융기관의 경쟁력이 낮고 신용시장에 대한 접근이 매우 제한적이라는 점에 비춰볼 때, 매우 특별한 주의가 필요하다. 개발도상국의 하위 40퍼센트 인구의 절반 이상이 은행계좌를 갖고 있지 않다. 따라서 자본계정 자유화로 인해 금융상품 평가에서 이미 풍요로운 삶을 누리는 사람들에게

그림 5.7 저소득 국가에서 자본계정 자유화 전후의 지니계수 변화

저소득 국가에서 자본계정 자유화는 소득 불평등을 증가시킨다. 이집트, 네팔, 우간다, 볼리비아 등에선 불평등 확대가 오래 지속되는 현상이 발견됐다.

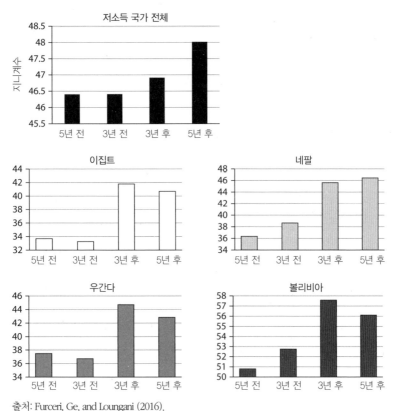

출처: Furceri, Ge, and Loungani (2016).

훨씬 유리한 쪽으로 기존 편향이 더욱 악화될 수도 있다. 실제로 우리는 금융시장 발전 정도와 금융 포용도가 제한된 나라들에서조차도 금융 개방이 불평등에 특별히 강력한 영향을 미치고 있음을 알 수 있다(그림 5.8 참조).

그림 5.8 저소득 국가에서 자본계정 자유화가 불평등에 미치는 효과

저소득 국가 그룹 안에서조차 금융시장 발전 정도와 금융 포용도가 제한적일 경우 금융 자유화는 불평등의 극심한 증가를 불러온다.

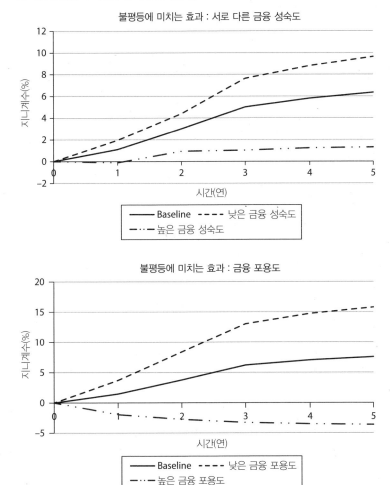

출처: Furceri, Ge, and Loungani (2016).

제6장

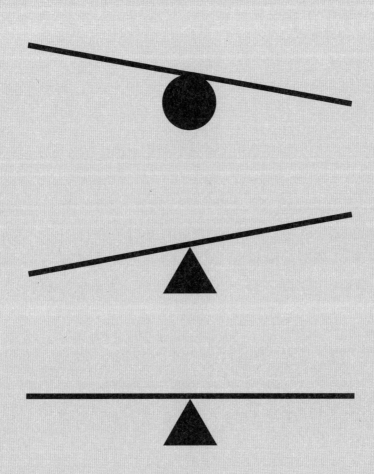

긴축과 불평등

해외 자본에 대한 문호 개방 등 다양한 수단을 통한 경쟁 확대와
더불어 지난 30년 동안 경제정책의 중요한 일부가 된 것이 바로 국가
규모의 억제다. 정부 기능 일부의 민영화는 이런 목적을 달성하는 하
나의 방편이었다. 다른 방법으로는 재정적자와 부채 규모를 제한해
정부 지출을 억제하는 것도 있다.

지난 몇십 년간의 경제사를 되돌아보면 이런 사례들을 여럿 발견
할 수 있다. 유로존에 속한 나라들에 부여된 GDP 대비 공공부채 60
퍼센트 제한(이른바 마스트리트Maastricht 기준)과 같은 내용이 대표적이다.
이런 조건 때문에 유로존에 참여하려고 계획했던 많은 나라들이 재정
건전화에 힘쓰지 않을 수 없었다. 최근 사례는 2007~2009년 대침체
the Great Recession 이후에 찾아볼 수 있다. 한편 이 위기는 선진국에서

제2차 세계대전 이후 가장 두드러진 실업 증가를 야기했다. 다른 한 편으로는, 주로 소득 감소에 따른 세수 급락의 영향으로 공공부채가 크게 늘었다. 은행과 기업의 구제금융 비용과 대침체를 막기 위해서 많은 나라들이 거침없이 재정을 쏟아부은 것도 부채가 쌓인 또 다른 원인이다. 그 결과 선진국의 공공부채는 평균적으로 2007년 GDP 대 비 70퍼센트에서 2011년엔 약 100퍼센트까지 늘어났는데, 이는 지난 50년 동안 가장 높은 수준이다(Ghosh et al. 2013).

　이런 배경에서 많은 나라의 정부가 지출을 줄이고 세수는 늘리 는 조합을 통해 부채 규모를 줄이려는 정책을 펴기 시작했다. 전 영 국 수상 데이비드 카메룬David Cameron은 2011년 정부의 적자 감축 계 획을 이렇게 발표했다. "적자 문제를 해결하는 것과 성장을 촉진하는 일이 서로 상충한다고 주장하는 사람은 틀렸다. 당신은 후자를 위해 전자를 미룰 순 없다"(Cameron 2011).

　2011년의 영국처럼 서둘러 공공부채를 갚으려는 상황에 놓인 다 른 나라 사례가 또 있을까? 재정 여력이 충분한 나라들—즉, 재정위 기가 발생할 가능성이 낮은 나라들—에서 이런 정책을 지지하는 데 는 두 가지 논거가 주로 사용된다. 첫 번째로는, 비록 거대한 충격 (1930년대의 대공황, 최근의 글로벌 금융위기)은 드물게 찾아오지만 일단 충격이 찾아오면 미리 충분한 시간을 두고 부채를 갚아둔 게 훨씬 도 움이 된다는 주장이다. 두 번째 논거는 과도한 부채는 성장에 해롭고 (과도한 수준의 부채에 대응하려면 더 많은 조세 왜곡이 요구되기 때문이다), 따 라서 견고한 성장 기반을 마련하기 위해선 부채를 낮추는 게 필수적이라는 점이다.

확실히 많은 나라들(예를 들자면 2010년대 남유럽 국가들)이 별수 없이 재정 건전성을 높이는 데 나설 수밖에 없었는데, 국채 스프레드 sovereign spreads(정부가 차입을 위해 지불해야 하는 이자율)의 확대 같은 금융시장의 변동이 그들에게 계속 돈을 빌려 올 여지를 허락하지 않았기 때문이다(Ghosh, Ostry, and Qureshi 2013). 하지만 일부 나라들에서 재정 건전화가 필요했다고 하더라도 이런 사정이 모든 나라에 동일하게 적용되지는 않는다. 일반적으로 금융시장의 속성상 재정 책임성이 높은 나라들에서 부채위기가 발생할 가능성은 매우 낮은 편이다(Mendoza and Ostry 2008). 만일 긴축의 대가가 편익보다 크다면, 이런 이력을 간직한 나라들은 부채가 많더라도 세금을 늘리거나 혹은 생산적 지출을 줄이지 않아도 될 여지가 주어진다. 또 과거 이력이 뛰어난 나라들의 경우엔 미래의 재정위기에 대한 보험이라는 관점에서 봤을 때, 설령 부채 비율이 상당히 높더라도 긴축에 따른 편익은 상당히 작은 것으로 드러난다. 가령 부채 비율을 단 몇 년 사이에 GDP 대비 120퍼센트에서 100퍼센트로 줄인다 한들 위기 리스크 감소라는 관점에서 봤을 때 얻는 건 별로 없다. 위기의 가능성은 부채 규모가 이처럼 높은 수준에서 낮아진다 하더라도 그다지 많이 줄어들지 않는다(Baldacci et al. 2011).

비록 보험 혜택은 적어도 비용이 충분히 적게 든다면 얼마든지 해볼 가치는 충분하다 할 수 있다. 하지만 실제론 비용이 큰 것으로—혜택보다 훨씬 크다—판명난다. 그 이유는 부채를 줄이기 위해 필요한 세금 증가 혹은 지출 감소 비용은, 부채 감소로 인한 위기 리스크 축소보다도 훨씬 크기 때문이다(이 점을 설명하는 경제 모형에 관해선 Ostey, Ghosh, and Espinoza 2015를 참조하라). 많은 부채를 지고 살아가느냐—경제성장에 따라 자연스럽게 부채비율이 떨어지도록 놔두느냐—혹은 부채를 줄이기 위해 흑자 예산을 강력하게 밀어붙이느냐 사이의 선택에 직면했을 때, 만일 충분한 재정 여력을 지닌 정부라면 부채를 지고 살아가는 편을 택하는 게 더 바람직하다.

재정 건전화 측정하기

많은 나라가 종종 이런 경고를 주의 깊게 받아들이지 않았다. 오히려 이와 반대로, 지난 30년간 부채 수준에 대한 걱정 탓에 선진국의 긴축 조치가 수없이 되풀이됐다. 우리는 이런 사례들이 단기에서 중기에 걸쳐 소득을 감소시키고 실업을 늘렸음을 드러내 보인다. 과거의 긴축은 불평등 정도를 나타내는 지니계수도 눈에 띄게 증가시켰고, 노동에 돌아갈 소득 몫은 줄였으며, 특히 장기 실업률에 강력한 영향을 미쳤다.

이 장에서 사용된 재정 건전화 척도는 IMF의 이전 연구(Devries et al. 2011)에 토대를 둔다. 이 척도는 재정적자를 줄이려는 의도를 가지고 정부가 추진한 정책 행동—증세 혹은 지출 축소—에 주목한다. 분명한 듯 보이긴 해도, 이전 연구들에서 재정 건전화를 측정하던 방식은 아니다.

과거에 재정 건전화는 전형적으로 성공적인 예산 성과budge

120

outcomes에 의해 측정되어 왔다. 특히, 경기에 맞춰 조정된 기초수지 primary balance―경기 사이클 변동의 추정 효과에 맞춰 조정된 기초재정수지―가 재정 건전화 척도로 사용되어 왔다. 경기 조정이 필요한 이유는 조세수입과 정부 지출이 경기 사이클에 따라 자동적으로 변동하기 때문이다. 이처럼 경기 조정을 끝낸 뒤 재정 변수들의 변화가 세율과 지출 수준을 바꾸는 정책 담당자의 결정을 반영할 것이란 기대에서다. 따라서 경기 조정된 재정수지 증가는, 원칙적으로 적자를 줄이겠다는 의도적인 정책 결정을 반영한다.

하지만 현실에서 예산 성과는 정책 의지를 평가하는 불완전한 척도임이 드러난다. 한 가지 문제는 경기 조정이 측정 오류를 범한다는 점이다. 특히 경기 조정은 재정 데이터로부터 자산 가격 혹은 상품 가격 변동과 연관된 정부 조세수입의 진폭을 제거하지 못하고, 결국 반드시 실제 정책 변화와 연관되는 것은 아닌 재정수지 변화로 이어진다. 예를 들어 2009년 아일랜드에서는 증세와 GDP의 4.5퍼센트를 넘는 지출 축소에도 불구하고, 주가와 주택가격 급락이 재정수지의 가파른 감소를 야기했다.

표준적인 접근 방식이 재정 행동 뒤에 숨은 동기를 무시한다는 점은 또 다른 문제다. 따라서 이런 접근 방식은 정부가 의도적으로 과도한 국내 수요를 억제하는 정책을 강화한 연도들을 포함한다. 예를 들어 2000년 핀란드는 자산 가격 급등과 빠른 성장을 경험했다. 정부는 경기 과열 리스크를 줄이기 위해 지출을 줄이기로 결정했다. 만일 재정 긴축이 국내 수요 압력에 대한 대응이라면, 그것이 설령 재정수지의 가파른 증가와 연관되어 있다고 하더라도 재정정책이 경제 활동에 미치는 단기 효과를 측정하는 데 유효하진 않다.

이런 이유들로 인해 우리는 재정 건전화를 정책 행동에 근거해 측정한다. 1978년에서 2009년까지 17개 OECD국의 173개 건전화 조치가 대상이다. 건전화 규모는 평균적으로 대략 GDP의 1퍼센트에 이른다.

긴축의 효과

이처럼 더욱 정교한 긴축 척도를 사용해 보면, 과거로부터 얻을 수 있는 증거는 명백하다. 전형적으로 재정 건전화는 소득을 감소시키고 실업을 늘리는 단기 효과를 낸다. GDP 1퍼센트 규모의 재정 건전화는 2년 이내에 인플레이션 조정을 거친 소득을 약 0.6퍼센트포인트 감소시키고 실업률을 약 0.5퍼센트포인트(그림 6.1 참조) 끌어올리며, 그 뒤론 약간의 회복세를 보인다.

중앙은행이 통화정책 완화를 통해 고통을 일부나마 경감시키지 않거나 혹은 그럴 수 없는 경우, 재정 건전화로 인한 소득 감소는 더욱 크다. 통화 팽창과 맞물린 금리 인하는 투자와 소비를 자극하고, 나란히 진행되는 통화 절하는 순수출을 촉진한다. 1987년 아일랜드, 1992년 핀란드와 이탈리아의 경험은 재정 건전화를 선택하되, 대규모 통화 절하로 순수출 촉진에 도움을 준 사례들이다.

불행하게도 오늘날의 환경에서는 이러한 고통 경감책을 쓰기 쉽지 않다. 많은 나라들에서 정책금리가 이미 0퍼센트 근처에 수렴한 탓에 중앙은행의 통화 팽창 여력은 매우 제한적이다. 게다가 많은 나라

그림 6.1 재정 건전화가 소득과 실업에 미치는 효과

재정 건전화는 단기적으로 소득을 감소시키고 실업을 늘린다.

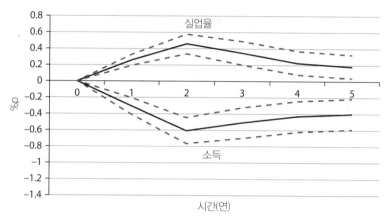

주: GDP 1퍼센트 규모의 재정 건전화의 효과와 실업. 점선은 표준오차 구간을 나타낸다.
출처: Ball, Leigh, and Loungani (2011).

들이 동시에 재정 긴축을 단행한다면, 개별 국가에서 소득 감소 폭은 더 커질 수도 있다. 모든 나라가 동시에 자국 통화 가치를 떨어뜨릴 수도, 순수출을 늘릴 수도 없기 때문이다.

불평등에 미치는 영향은 어떨까? 제5장에서 자본계정 자유화 사례를 통해 이미 살펴봤듯이, 공식적인 테스트로 나아가기에 앞서 사건 전후의 데이터를 살펴보는 게 유용하다. 그림 6.2가 작업 결과인데, 재정 건전화 조치 이전에 지니계수가 평균적으로 어떻게 변동해 왔는지, 그리고 건전화 조치 이후 그 경로는 어떻게 변했는지를 보여준다. 지니계수의 경로는 긴축 조치 시행 이후 명확하게 변화한다. 조치 시행 후 8년이 지났을 때, 지니계수는 원래 값보다 1.5퍼센트포인트 높다.

그림 6.2 재정 건전화 전후의 불평등

재정 건전화는 소득 불평등에 오래 지속되는 부정적 영향을 미치는 경향이 있다.

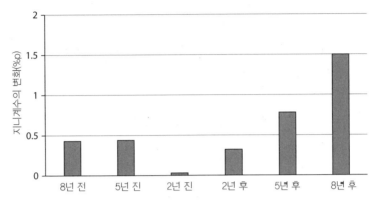

주: y축은 지니계수의 변화(퍼센트포인트)를 나타낸다.
출처: Ball, Leigh, and Loungani (2013).

많은 것을 시사하는 이런 증거는 공식적인 경제통계학 방법을 통해서도 뒷받침된다. 그림 6.3에 그 결과가 잘 소개되어 있다. 그림은 재정 건전화가 지니계수에 미치는 추정 효과와 그와 관련된 신뢰구간(점선)을 나타낸다. 건전화가 소득 불평등에 오래 지속되는 효과를 낸다는 건 명백하다. 특히 추정치는 건전화가 지니계수를 단기적으로—건전화 조치 이후 1년—약 0.1퍼센트포인트(약 0.4퍼센트에 해당), 중기적으로—건전화 조치 이후 8년—약 0.9퍼센트포인트(3.4퍼센트에 해당) 증가시켰음을 암시한다.

재정 건전화의 분배 효과를 평가하는 다른 방법은 소득 형태별 효과를 살펴보는 것이다. 제2장에서 설명한 것처럼 총소득을 나누는 전통적 방식에는 노동으로 가는 몫과 이윤, 이자 등 형태의 자본으로 가는 몫의 둘로 쪼개기가 있다. 이런 방식은 노동자의 역할이 자본가

그림 6.3 재정 건전화가 불평등에 미치는 효과

재정 건전화는 뚜렷하고 꾸준한 소득 불평등 증가와 관련된다.

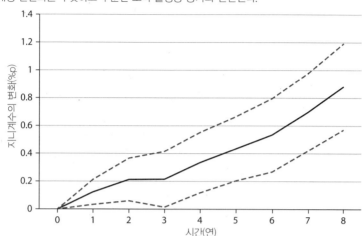

주: 점선은 표준오차 구간을 나타낸다.
출처: Ball, Leigh, and Loungani (2013).

와 지주의 역할과 상당히 달랐던 시절을 상기시켜 준다. 시간이 흐르면서 이런 식의 구분이 어느 정도 약화되었지만, 임금과 다른 형태의 소득 사이의 구분은 소득이 메인스트리트와 월스트리트 사이에서 어떻게 분배되는지를 기술하는 출발점으로, "국민소득계정 체제와 정치 영역에 여전히 내장돼 있다"(Galbraith 2016).

건전화 조치에 따른 고통은 균등하게 분담되지 않는다. 재정 건전화는 임금소득자에게 돌아가는 파이의 조각을 줄인다. GDP 1퍼센트 규모의 재정 건전화마다 인플레이션 조정된 이윤과 지대는 고작 0.3퍼센트 줄어드는 데 반해, 인플레이션 조정 임금소득은 전형적으로 0.9퍼센트 감소한다. 그뿐만이 아니라 임금소득 감소는 오래도록

그림 6.4 재정 건전화가 노동과 자본의 몫에 미치는 효과

재정 건전화 조치 이후 이윤과 지대의 감소는 짧은 기간에 그치는 데 반해 임금소득의 감소는 시간이 흘러도 지속된다. 따라서 재정 건전화로 인해 전체 소득에서 노동의 몫은 쪼그라든다.

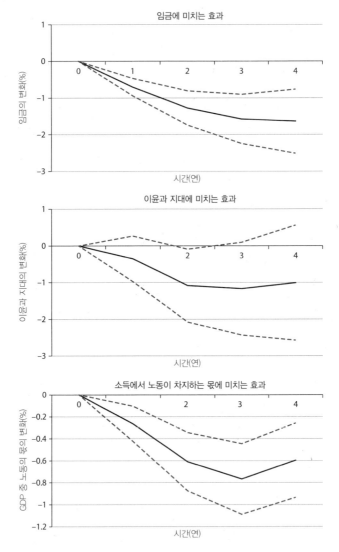

출처: Ball, Leigh, and Loungani (2013).

지속되는 반면에 이윤과 지대수입 감소는 단기에 그친다(그림 6.4 위쪽 두 개의 그래프). 결과적으로 소득 파이에서 노동이 차지하는 몫은 건전화 조치에 따라 쪼그라든다(그림 6.4 아래 그래프).

이윤과 지대보다 임금소득이 훨씬 더 많이 줄어드는 이유에 대해선 지금껏 충분한 연구가 이뤄지지 않았다. 일부 재정 긴축안은 공공부문의 임금 삭감을 요구하고 있어서 이런 효과를 내는 직접적 경로를 제공한다. 하지만 간접적 경로도 존재한다. 건전화 조치가 전체 실업 규모와 장기 실업자 비중에 미치는 영향을 통해서다. 비록 실업자가 실업수당을 받는다고는 해도 그들의 소득은 상당한 타격을 입고, 결국 종합적인 임금소득 감소의 주된 원인이 되고 만다. 특히 장기 실업자는 일정 시점에 이르러 더는 실업수당 혜택을 받지 못하므로, 소득이 가파르게 줄어드는 운명을 겪을 수밖에 없다.

종합하자면 그림 6.5에서 알 수 있듯이 재정 건전화는 단기 실업과 장기 실업을 둘 다 증가시키고, 장기 실업에 미치는 영향이 훨씬 크다. 장기 실업이란 실업 기간이 6개월 이상 지속되는 경우를 말한다. 더군다나 재정 건전화로 인한 단기 실업은 3년 안에 사라지는 데 반해, 장기 실업은 5년이 지난 뒤에도 높은 수준에 머물러 있다.

따라서 재정 건전화는 이미 충분히 고통을 겪고 있을 사람들—장기 실업자—의 고통을 배가한다. 2007년에 시작된 대침체 기간 동안 대부분의 OECD 나라들에서 장기 실업자의 비중이 커진 터라 특히 우려되는 대목이다. 비록 그 비중이 더는 증가하지 않은 나라들—예컨대 독일, 프랑스, 이탈리아, 일본—에서조차 장기 실업자의 비중은

그림 6.5 재정 건전화가 단기 및 장기 실업에 미치는 효과

재정 건전화는 단기 실업(위)보다 장기 실업(아래)을 더 많이 증가시킨다.

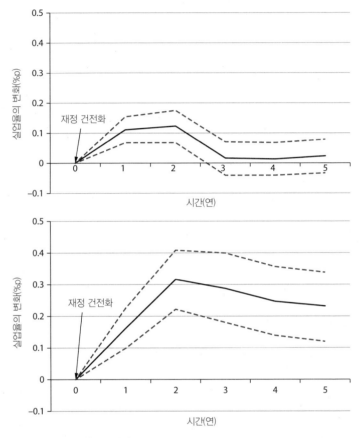

주: 점선은 표준오차 구간을 말한다.
출처: Ball, Leigh, and Loungani (2013).

위기 이전에 이미 매우 높은 수준에 도달해 있었다. 실업은 장기적인 수입 상실, 건강에 대한 악영향, 쫓겨난 노동자 자녀의 학문적 성취 및 잠재소득 감소 등과 밀접히 관련돼 있다(Dao and Loungani 2010). 실업 기간이 늘어날수록 이 같은 악영향은 증폭된다. 게다가 실업 기간이 길면 재고용될 가능성마저 줄어들기 마련이다. 예컨대 미국에서 6개월 이상 실업 상태인 사람이 이후 6개월 안에 재고용 기회를 잡은 경우는 10명 중 겨우 1명꼴이었다. 실업 기간이 한 달이 채 안 되는 경우 3명 중 1명이 6개월 안에 재고용된 것과는 대비된다. 따라서 장기 실업의 증가는 노동자가 기술을 상실하고 노동력으로부터 분리됨으로써 실업을 구조적 문제로 고착화시킬 위험을 수반한다. 바로 이 력履歷, hysteresis이라 부르는 현상이다.

장기 실업은 사회 통합도 위협한다. 전 세계 69개국을 대상으로 실시한 여론조사에 따르면, 실업 경험이 있는 경우 민주주의의 유효성에 대해 부정적인 태도를 갖게 될 뿐 아니라 악당rogue 같은 지도자에 대한 열망도 커지는 것으로 나타났다. 장기 실업자들한테서 그 효과는 더욱 뚜렷했다.

비용-편익의 균형 잡기

이 장에선 재정 긴축이 분배에 미치는 효과를 살펴봤다. 표본으로 삼은 17개 OECD 국가에서 지난 30년 동안 재정 건전화 조치는 불평등을 꾸준히 확연하게 증가시켰고, 임금소득과 소득 대비 임금 몫은 감소시켰으며, 장기 실업은 증가시켰다. 이 결과는 선진국에만 국한되지 않는다. 다른 저자들의 후속 연구는 신흥경제국과 저소득 국가에서도 재정 건전화 이후에 불평등이 증가한다는 사실을 보여 주었다(Woo et al. 2017). 여기서 서술된 연구는 재정 건전화의 단기적 결과에 대해 현실주의적 예상을 하는 게 중요하다는 사실을 보여 준다. 소득은 줄이고—다른 사람보다 임금소득자에게 더 큰 파급 효과—실업, 특히 장기 실업은 증대시키리라는 점. 재정 건전화가 경제를 활성화시킬(생산량 및 고용 증대) 수 있다는 생각, 무엇보다도 학계에선 하버드 경제학자 알베르토 알레시나Alberto Alesina 같은 인물, 혹은 정책 영역에선 전 유럽중앙은행ECB 총재 쟝-클로드 트리셰Jean-Claude Trichet 등에 의해 옹호되던 주장은 이제 심각한 도전에 직면했다. 대신에 단기 비용은 재정 건전화가 안겨줄 수 있는 잠재적 장기 편익과 균형을 맞춰야 한다.

재정 여력이 있을 경우엔 부채 상환의 장기적 편익에 대해 깨닫는 일도 분명히 중요하다. 공공부채 목표치를 특정 수준(마스트리트 기준에 따른 GDP 대비 60퍼센트, 혹은 Reinhart and Rogoff(2010)에서 논의된 GDP 대비 90퍼센트)에 맞추는 건 이론적 근거가 빈약하다. 경제학계의 중요한 성과들은 모든 방향에서—계속 늘어나는 적정 공공부채 수준(정부가 미래 정책을 수행할 능력이 부족한 경우)에서 대규모 자산 포트폴리오 축적에 이르기까지(마이너스 부채)—예방적인 절약 동기가 불러올 역쇼크에 맞서야 한다는 사실을 지적하고 있다. IMF는 정책 권고를 통해 속도가 너무 늦어 시장에 관심을 주지 못하는 게 아니라 너무 빨라 성장에 걸림돌이 된다고 강조함으로써, 재정 건전화의 속도에 더 많은 관심을 기울여 왔다. IMF는 선진국들이 공공부채를 높은 수준으로부터 낮출 필요에 대해 의문을 제기한 건 아니지만, 그렇다고 특정 수준의 공공부채 목표치를 서둘러 달성하도록 밀어붙이지도 않았다.

제7장

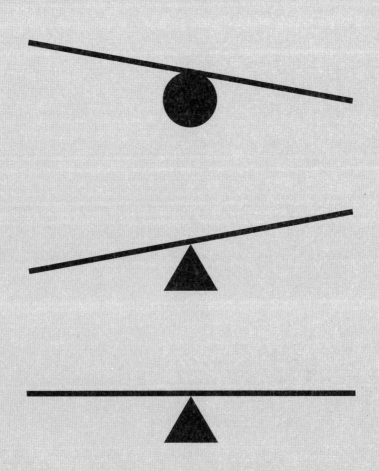

중앙은행과 긴축

선진국의 소득 불평등은 저명한 중앙은행 관계자들의 눈길을 사로잡았다. 전 미국 연방준비제도이사회 의장 재닛 옐런Janet Yellen은 이렇게 말했다. "나는 미국의 불평등 정도와 계속적인 증가세에 큰 관심을 갖고 있다"(Yellen 2014). 전 유럽중앙은행 총재 마리오 드라기Mario Draghi는 "선진국에서 소득 하위 50퍼센트의 실질소득은 몇십 년 전 수준에 머물러 있다"고 언급했다(Draghi 2016). 그런데 중앙은행이 취하는 행동 자체가 불평등을 촉진하는가?

앞에서 우리는 소득 불평등 증가를 야기한 기다란 정책 리스트—다양한 구조 정책들, 금융 개방, 긴축—를 확인했다. 십년 전만 해도 중앙은행의 정책은 이 리스트에 포함되지 않았을 것이다. 중앙은행의 행동이 경제 전반에 영향을 미친다고 인식되기 시작했으나, 분배 효과에 관한 토론—1980년대엔 눈에 띄었던—은 사라져 버렸다.

하지만 지난 10년 세월을 거치면서 중앙은행의 행동이 분배에 미치는 영향은 다시금 논쟁 주제로 자리 잡았다. 이 시기에 여러 중앙은행들은 소득을 회복시키고 인플레이션을 목표치에 맞춘다는 명분을 내걸고 정책금리를 역사상 아주 낮은 수준으로 유지했다. 누군가는 이처럼 유례없는 완화적 통화정책이 소득 불평등도 확대했으리라는 의혹의 눈길을 보낸다. 예를 들어 대런 애쓰모글루Daron Acemoglu와 사이몬 존슨Simon Johnson은 저금리가 주가에 긍정적 영향을 미치고, 결국 "최상위층 은행가와 최고경영진들의 보너스를" 부채질하므로, 금융 부문이 저금리의 혜택을 입고 있다고 주장한다(Acemoglu and Johnson 2012).

전 연준 의장 벤 버냉키Ben Bernanke가 지적하듯이, 통화정책은 여러 경로를 통해 작동하므로 분배에 미치는 효과를 정확히 가늠하기 어렵다(Bernanke 2015). 나카지마 마코토Makoto Nakajima는 4개의 중요한 경로에 관해 유용한 토론을 제시한다(Nakajima 2015). 둘은 소득에 미치는 영향을 통해, 나머지 둘은 예상치 못한 인플레이션 효과를 통해 작동한다.

- **임금 이질성 경로**Wage heterogeneity channel: 경제 전 부문의 서로 다른 노동자 집단 소득에 통화정책이 미치는 차별적 영향. 1980년대 미국에서 벌어진 논쟁으로, 연준의 행동이 저소득 및 중소득 노동자, 특히 제조업 부문의 노동자 소득을 해치고 있다는 내용이었다.

- **소득 구성 경로**Income composition channel: 임금과 금융소득에 미치는 서로 다른 영향. 애쓰모글루와 존슨이 강조한 경로.
- **자산 및 부채에 미치는 효과**: 예상치 못한 인플레이션은 사람들이 어떤 종류의 자산과 부채를 보유하고 있느냐에 따라 차별적 영향을 줄 수 있다.
- **포트폴리오 구성 경로**Portfolio composition channel: 예상치 못한 인플레이션은 명목자산을 보유한 가계로부터 명목부채를 보유한 가계로 부를 이전하기도 한다.

여러 경로가 존재할뿐더러 모두가 같은 방향으로 작동하는 것도 아니므로, 종합적인 영향을 파악하는 일은 경험적 성격의 문제다. 이는 미국에서 연준의 행동이 소득 분배에 미치는 영향을 분석하는 올리비에 코이비온Olivier Coibion 등이 취한 관점이다(Coibion et al. 2012). 그들은 자주 표출되는 두려움과는 정반대로 연준의 통화정책 완화가 가계별 소득 불평등을 줄인다는 결론을 끌어낸다.

중앙은행의 행동 측정하기

우리의 분석은 광범위한 그룹의 나라들, 즉 1990~2013년 사이 총 32개 선진국 및 신흥시장국을 대상으로 중앙은행의 행동이 소득 불평등에 미친 영향에 대해 서술한다.

연구 시작단계에서 경제 상황에 대처하는 중앙은행의 전형적(그들의 용어에 따르자면 "체계적" 혹은 "내생적") 대응과 전형적 대응으로부터의 이탈, 달리 말해 놀라움으로 비춰질 것 같은 대응의 구분이 이뤄져야 한다. 예를 들어 경제가 슬럼프에 빠져들 때 중앙은행은 으레 금리를 내린다. 이때 발생하는 불평등 정도의 변화는 중앙은행이 취한 행동의 결과라기보다는 단순히 경기 부진에 따른 결과일 수 있다. 따라서 통화정책이 불평등에 미치는 효과를 따로 분리해 내려면 중앙은행의 행동 가운데 이 같은 전형적 대응은 골라내고 예상 밖(서프라이즈)의 요소를 파악해야 한다. 경제학자들은 이를 통화정책의 "외생적" 혹은 "충격" 요소라 부른다.

미국을 사례로 들어 로머는 연방준비제도의 행동 중 서프라이즈 요소를 분리해 내는 훌륭한 방법을 고안해 냈다(Romer and Romer 2004). 그들은 연준의 정책금리 변화가 어느 정도까지 연준 스태프의 생산량 및 인플레이션 전망 변화로 설명될 수 있는지를 측정했다. 이는 통화정책의 체계적 대응이라고 간주될 수 있을 것이다. 나머지 부분이 서프라이즈, 즉 정책금리 변화의 외생적 요소였다. 연준의 통화정책 완화가 미국 내 소득 불평등의 감소를 불러왔음을 증명하기 위해 코이비온 등이 사용한 건 바로 이런 서프라이즈 요소였다(Coibion et al. 2012).

우리는 이 방법을 일관되게 광범위한 그룹의 나라들로 확대하는 과제와 맞닥뜨렸다. 이를 위해선 약간의 조정이 필요했는데, 상세한 내용은 Furceri, Loungani, and Zdzienicka(2017)에서 다루고 있다. 하지만 생산량과 인플레이션에 관한 우리의 전망을 여러 중앙은행 스태프들에 의해 이뤄진 전망이 아니라 『컨센서스 전망*Consensus*

그림 7.1 미국의 통화정책 충격

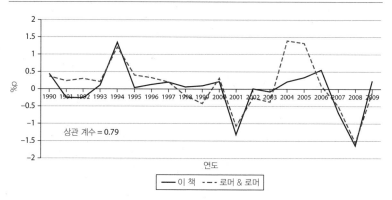

주: 이 책은 본문에서 서술된 과정을 사용해 확인되는 통화정책 충격을 말한다. "로머&로머"는 Romer and Romer(2004)에 의해 확인된 통화정책 충격을 말한다.

Forecast』이라 불리는 출판물에서 끌어온 점을 빼고는, 본질적으로 우리는 로머와 로머의 방법Romer and Romer method을 그대로 적용했다. 이 출판물은 두루 사용되는 전망 자료로, 여기서 소개되는 전망들은 정부 관료들의 전망과 대체로 꽤 가까운 편이다(정부 전망에 쉽게 접근할 수 있는 경우).

그림 7.1은 우리의 방법을 사용한 미국 통화정책의 외생적 요소와 로머가 사용한 요소와 비교한다. 다행스럽게도 둘은 매우 근접한데, 이는 우리의 방법이 다른 나라들에도 비교적 잘 적용될 가능성을 높여 준다.

통화정책의 효과들

이제 우리는 중앙은행 행동의 이런 서프라이즈 요소들이 경제 전반과 소득 분배에 미치는 영향(지니계수, 노동소득 분배율, 고소득자 분배율)을 살펴본다.

경제 전반에 끼치는 영향에 대해선 그림 7.2에 잘 나타나 있다. 통화정책의 완화(정책금리 인하)는 개별 나라들의 데이터를 이용해 다른 연구들이 얻은 결론과 일관되게 생산량과 인플레이션을 끌어올린다. 통화정책 행동이 경제 전반에 미치는 효과와 관련하여 우리의 작업이 다른 방법들이 제공하는 것과 다르지 않다는 사실을 확인해 준다. 애쓰모글루와 존슨이 추측했듯이, 통화정책 완화는 주택 가격과

그림 7.2 예상치 못한 통화정책 완화의 효과

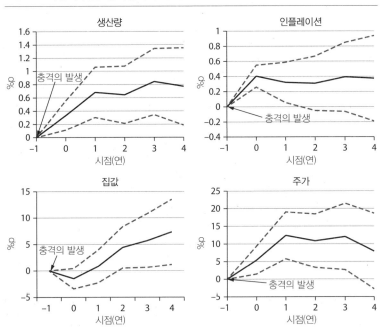

주: 굵은 선은 예상치 못한 100bp 금리 인하에 대한 반응을, 점선은 90퍼센트 신뢰구간을 나타낸다.

138

주가도 끌어올린다(Acemoglu and Johnson 2012).

하지만 주택 가격과 주가 상승이 종합적인 소득 불평등으로 이어지지는 않는다. 대신 미국을 대상으로 코이비온 등이 도달한 결론이 다른 나라들에서도 유효하다는 사실이 증명된다. 정책금리를 예상치 못하게 100bp 인하하면 지니계수를 단기적으론 약 1.25퍼센트, 중기적으론 약 2.25퍼센트 낮춘다. 그림 7.3에 이런 내용이 담겨 있다. 경제적으로 그 효과는 의미가 적지 않다. 중기 효과의 규모는 어림잡아 지니계수가 표준편차만큼(2.4퍼센트) 변화하는 것과 맞먹는다.

불평등을 측정하는 다른 척도도 이런 결론을 뒷받침한다. 노동소득 분배율은 증가하고(그림 7.4), 상위 10퍼센트, 5퍼센트, 1퍼센트에

그림 7.3 예상치 못한 통화정책 완화가 소득 불평등에 미치는 효과

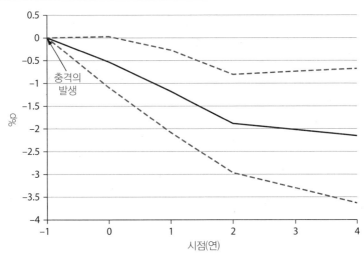

주: 굵은 선은 예상치 못한 100bp 금리 인하에 대한 반응을, 점선은 90퍼센트 신뢰구간을 나타낸다.

그림 7.4 통화정책 완화가 GDP에서 임금이 차지하는 몫에 미치는 효과

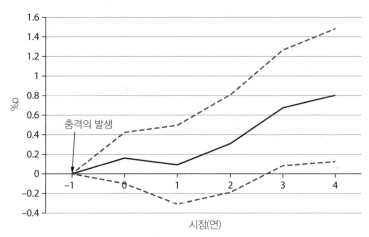

주: 굵은 선은 예상치 못한 100bp 금리 인하에 대한 반응을, 실선은 90퍼센트 신뢰구간을 나타 낸다.

그림 7.5 통화정책 완화가 상위 소득 몫에 미치는 효과

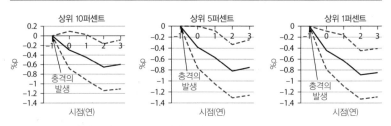

주: 굵은 선은 예상치 못한 100bp 금리 인하에 대한 반응을, 실선은 90퍼센트 신뢰구간을 나타 낸다.

돌아가는 소득 몫은 모두 떨어진다(그림 7.5).

요약하자면 우리가 얻은 결론은 외생적인 통화정책 완화기 불평등 을 줄인다는 명백한 증거를 제시힌다. 특정 국기를 대상으로 한 기존 연구들은 이처럼 명확한 증거를 찾아내지 못했거나 다른 방향의

결론을 예상했다. 아마도 몇 가지 이유 때문이라 짐작된다. 첫째, 일부 저자들은 정책금리 변화를 사용했고, 정책의 체계적 요소와 외생적 요소를 구분하지 않았다. 그림 7.6(위쪽 그래프)에서 알 수 있듯이, 이 경우 통화정책이 지니계수에 미치는 영향이 적은 편이다. 둘째, 만일

그림 7.6 통화정책 완화의 효과: 외생적 vs 성장에 기반한 충격과 정책금리 변화

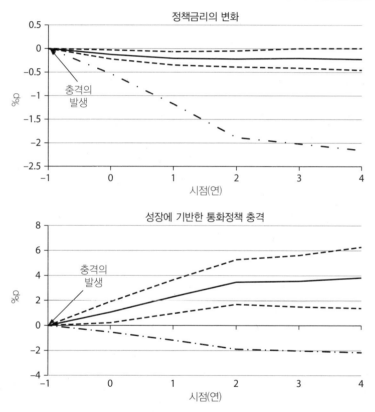

주: 굵은 선은 각각 성장에 기반한 인상 혹은 100bp 통화정책 금리 변화에 대한 반응을, 점선은 90퍼센트 신뢰구간을 나타낸다. 제일 아래의 선은 그림 7.3에 제시된 무조건적(기초) 반응을 나타낸다. 성장에 기반한 통화정책 충격이란 성장과 인플레이션 뉴스에 의해 설명되는 정책금리 전망 오류를 말한다. 정책금리의 혁신은 정책금리의 전망 오류다.

통화정책의 체계적 요소가 사용되면 중앙은행의 완화 정책은 일부 저자가 예상했던 방향대로 불평등, 증가와 연관된다(그림 7.6 아래쪽 그래프). 하지만 이러한 체계적 금리 변화는 경기 부진에 대응해 이뤄지는 것이므로, 불평등은 중앙은행의 행동 때문이라기보다는 경제 환경 악화의 영향 때문에 증가할 것으로 보인다.

중앙은행에 주는 시사점

리비우 보이니아Liviu Voinea와 피에르 모닌Pierre Monnin이 지적하듯이, 중앙은행 사람들은 통화정책과 불평등 사이의 그 어떠한 연계 가능성에 대해서조차 잊어버리기 시작했었다(Voinea and Monin 2017). 하지만 계속되는 불평등 악화라는 현실과 맞물려 대침체가 나타난 이후에 등장한 매우 협조적 통화정책은, 분배에 미치는 영향에 관한 열린 토론의 기회를 제공했다. 우리의 결론은 정책의 체계적 요소와 통화정책 충격을 구분하는 것이 중요하다는 점을 지적한다. 우리는 팽창적 통화정책 충격이 소득 불평등을 줄여 준다고 생각한다.

중앙은행이 매우 낮은 금리를 끌어올리는 결정을 고려함에 따라, 그들은 몇 가지 이유에서 자신들의 행동이 분배에 미치는 영향에 대해 알고 싶어할 것이다. 첫째, 보이니아와 모닌이 말하듯이, "불평등 해결이 분명 중앙은행의 주된 업무는 아니지만, 결코 무시해서는 안 될 요소다. 균형 잡힌 성장을 보장하고 물가 안정의 편익과 비용이 공평하게 분배되는 것 역시 하나의 공공선이다"(Voinea and Monin 2017).

둘째, 최근의 연구는 소득 분배—분배의 변화도 마찬가지다—그 자체가 통화정책이 경제에 어떤 영향을 미칠지를 좌우한다는 사실을 보여 준다. 그러므로 중앙은행이 원래는 정책의 종합적 효과에 관심을 둔다고 하더라도, 정책이 불평등에 미치는 영향을 이해하는 일은 중요하다.

제8장

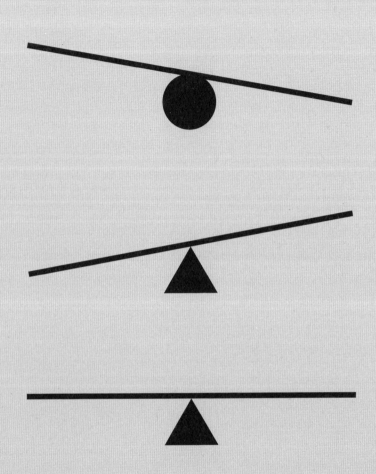

기술, 로봇 그리고 불평등

세상은 '제2의 기계 시대'로 들어서고 있는지도 모른다. 하루가 멀다 하고 우리는 새로운 인공지능 프로그램, 이른바 딥러닝과 로봇 기술에 대한 소식을 접한다. 몇 가지만 꼽는다면 자율배송트럭, 전자 비서, 법률 보조인력을 대체하는 컴퓨터, 자율주행차 등이 있다. 마치 체코의 SF 문학 작가 카렐 차페크Karel Čapek가 상상한 '로봇'과 닮아 보인다. 그는 1921년에 인간과 본질적으로 구별되지 않는 지능기계를 묘사하기 위해 이 용어를 고안했다.

우리는 제2장에서 기술이 불평등의 중요한 원인이 되고 있다는 사실을 살펴봤다(그림 2.8). 하지만 기술 진보는 장기 성장의 원천이기도 하다. 기술이 가져다주는 효율성과 형평성 효과 사이에서 균형을 잡는 일은 각 사회가 저마다 직면한 영원한 도전 과제였다. 로봇의 확산으로 이제 균형잡기는 점점 더 어려워지고 있다.

기술, 성장, 분배를 다루는 경제학 저술에선 스토리 두 개가 등장했다. 한쪽에선 이렇게 말한다. 특정 직업이 쓸모없어지면서 전환비용이 발생한다고 하더라도 기술 변화의 종합적 효과는 생활 수준의 향상이라고. 적어도 19세기부터 이어진 이런 논쟁의 역사는 기술낙관론자들에게 결정적으로 승리를 안겨다 준 듯 보인다. 2015년 기준으로 미국의 평균적인 노동자들은 대략 17주만 일하고도 1915년에 평균적인 노동자들이 누렸던 연간 소득 수준을 유지할 수 있게 되었다. 이 같은 진보에서 기술은 단연 핵심 요소였다(Autor 2015).

이런 낙관적 스토리는 기술이 노동자를 대체하는 것 이상으로 더 많은 일을 하는 여러 경우를 지적한다. 말하자면, 기술이 노동자의 생산성을 높여줄뿐더러 그들이 제공한 서비스에 대한 수요를 증가시킨다는 식이다. 예를 들어 매핑mapping 소프트웨어는 오늘날 택시(리프트나 우버) 운전사를 훨씬 효율적으로 만든다. 또 소득의 증가는 모든 종류의 생산물과 노동에 대한 수요를 낳는다. 1950년대와 1960년대 초기 미국 사회엔 컴퓨터가 일자리에 미칠 영향에 관한 공포의 물결이 몰아쳤다. 하지만 그 이후 몇십 년 동안 나타난 건 오히려 강력한 생산성 증가와 생활 수준의 향상이었다. 실업은 대체로 안정적이었고 고용은 늘어났다.

이와는 다른 훨씬 비관적인 스토리는 패배자들에게 좀 더 많은 관심을 기울인다(Sachs and Kotlikoff 2012; Ford 2015; Freeman 2015). 최근 몇십 년간 여러 선진국에서 나타난 불평등 증가의 상당 부분은 기술적 압력에서 초래된 것일 수 있다. 컴퓨터 혁명은 선진국에서 (물리적으로나 혹은 정신적으로나) 틀에 박힌 작업을 담당하는 일자리에 대한 상대적 수요를 감소시켰다. 단순 회계관리 업무나 공장의 라인노동자를 떠올려 보라. 예전에 이들 일자리와 관련됐던 재화의 생산은 이제 점점 더 적은 수의 노동자(일반적으로 숙련도는 더 높은)와 결합된 컴퓨터만으로도 충분히 감당해 낼 수 있다. 많은 나라들에서 숙련도가 거의 없는 사람들의 상대적 임금은 떨어졌다.

로봇과 자본소득 몫

똑똑한 로봇의 확산은 우리를 낙관적 스토리로 인도할까? 아니면 비관적 스토리로 인도할까? 앞선 장들에선 과거의 데이터로부터 끌어낸 경험적 접근 방식을 따랐던 것과는 달리, 우리는 이 질문에 대한 답을 찾도록 도와줄 경제 모형을 고안했다. 이 경우 '과거'가 '서문prologue'이 될 순 없지 않겠냐는 점을 인정해서다(이런 종류의 모형에 관해선 Berg, Buffie, and Zanna 2018 참조).

거시경제학자들은 종종 생산을 물리적 자본스톡(공적이건 사적이건 간에 기계와 건축물을 구성하는)과 노동의 결합에서 비롯된 것이라고 생각하곤 한다. 우리 모형에서는 로봇을 인간 노동자를 대체하는 다른 종류의 자본이라고 가정한다. 예를 들어, 생산을 위해서는 빌딩과 도로가 여전히 필요하겠지만, 이제 사람과 로봇이 이러한 전통적 자본과 함께 일할 수 있다.

만일 이 로봇 자본의 생산성이 충분히 쓸모 있을 정도가 된다면 어떤 일이 벌어질까? 로봇이 인간 노동을 거의 완벽하게 대체한다고 가정할 경우, 1인당 생산량이 늘어난다는 점에서는 좋은 뉴스다. 하지만 여러 이유로 불평등이 악화된다는 점에서 나쁜 뉴스이기도 하다. 첫째, 로봇은 총유효노동(노동자+로봇)의 공급을 증가시키는데, 이는 시장 주도 경제에서 임금을 떨어뜨리는 압력으로 작용하기 마련이다. 둘째, 이제는 로봇에 투자하는 게 이로우므로, 빌딩이나 기계류와 같은 전통적 자본 투자로부터의 이동이 벌어진다. 이는 전통적 자본과 함께 일하는 사람들에 대한 수요를 더욱 줄인다.

하지만 이건 단지 시작일 뿐이다. 시간이 흐를수록 좋은 뉴스와 나쁜 뉴스 모두 강화된다. 로봇스톡이 증가함에 따라 전통적 자본 수익도 증가한다(로봇 선반지기로 인해 이제 창고는 더 쓸모 있다). 따라서 결국 전통적 투자도 늘어난다. 이로 인해 로봇스톡이 계속 늘어나더라도 결국 로봇은 생산적이게 된다. 시간이 갈수록 두 유형의 자본은 그들이 경제 전반을 지배할 때까지 함께 늘어난다. 노동으로부터의 도움이 줄어드는 추세와 맞물려, 이들 전통적 자본과 로봇 자본이 점점 더 많은 생산물을 만들어 낸다. 그리고 로봇은 단지 생산만 할 뿐 소비할 리 만무하다(물론 SF 저작들은 이 점에서 좀 모호하긴 하다!). 따라서 실제 사람들에게 분배될 수 있는 생산물은 점점 더 늘어난다.

그러나 생산이 늘어난다 하더라도 임금은 떨어진다. 상대적 기준뿐만 아니라 절대적으로도 그렇다. 어딘가 이상하게 심지어 역설적으로 들릴지도 모르겠다. 생산량의 증대와 동시에 일어나는 임금의 하락 현상을 과연 어떻게 설명할 수 있을까? 달리 말하자면 늘어난 생산물을 누가 모두 구매할까? 답은 자본의 소유자들이다. 단기적으로론 더 많은 투자가 소비의 일시적 감소의 균형추를 잡는 것 이상의 역할을 한다. 장기적으론 규모가 더 커진 파이에서 자본 소유자의 몫 자체 그리고 그들의 소비지출이 증가한다. 임금은 떨어지고 자본스톡은 늘어나면서 (인간)노동은 경제에서 점점 더 작은 부분으로 찌그러든다. 토마 피케티Thomas Piketty, 이매뉴얼 사에즈Emmanuel Saez, 가브리엘 주크만Gabriel Zucman은 자본 몫이 소득 분배의 결정적 변수임을 우리들에게 일깨워 줬다(Piketty, Saez, and Zucman 2016). 이미 모든 나라에서 자본은 소득보다 훨씬 고르지 않게 분배되어 있다. 로봇의 도입은 자본의 몫을 더욱 끌어올릴 것이고, 결국 소득 분배는 점점 더 불균등해지는 경향을 띨 것이다.

지금까지는 로봇의 효율성이 조금 증가하면서 로봇과 노동자 사이에 거의 완벽한 대체가 이뤄지는 상황을 가정했다. 할리우드 영화 「터미네이터: 심판의 날」에서 그려진 것과 같은 종류의 로봇, 즉 서로 구분할 수 없을 정도로 인간을 완전하게 대체하는 로봇 말이다. 또 다른 그럴싸한 시나리오는 이런 가정과 다른 길을 간다. 로봇과 인간이 가깝긴 해도 완전히 대체될 순 없는 상황, 그래서 인간이 창의성의 자극을 주거나 결정적인 손길을 주는 상황을 가정하는 게 적어도 현재에서는 더 현실적이라 할 만하다. 동시에 우리도 일부 기술주의자들과 마찬가지로 로봇의 생산성이 몇십 년 사이에 조금이 아니라 극적으로 증가하리라 전망한다.

이런 가정 아래 우리는 경제학자들의 전형적인 낙관주의를 좀 더 보완한다(그림 8.1). 앞서 말한 힘들은 여전히 작동 중이다. 로봇 자본은 노동자를 대체하고 임금을 떨어뜨리는 경향이 있다. 무엇보다도 로봇으로의 투자 다변화는 임금을 끌어올리는 데 보탬이 되는 전통적 자본의 공급을 마르게 한다. 비록 그렇다곤 해도 점진적으로 축적되는 전통적 자본과 로봇 자본이 결합함에 따라 인간이 가진 특별한 재능이 점차 귀해지고 생산적으로 된다는 점이 차이다. 결국 노동 생산성의 증가가 로봇이 인간을 대체한다는 사실을 압도하고, 임금은 (생산물과 마찬가지로) 증가한다.

하지만 두 가지 문제가 있다. 첫째, '결국'이란 다가올 긴 시간일 수 있다. 정확히 얼마나 걸릴지는 로봇이 인간을 얼마나 쉽게 대체하느

그림 8.1 로봇의 효율성 증가가 임금, 소득 및 소득 몫에 미치는 효과

로봇 효율성이 늘어나면 결국—20년 뒤—임금이 올라가지만, 노동소득 분배율은 줄어든다.

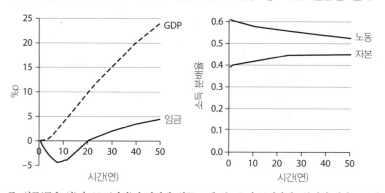

주: 임금(굵은 선)과 GDP(점선)과 관련해, 왼쪽 그래프는 초기 균제상태로부터의 변화를 보여준다(퍼센트포인트 기준). x축은 시간(연수)을 나타낸다. '로봇' 자본과 노동 사이의 대체 탄력성은 2.5로 추정된다. 상세한 설명과 다양한 대안 시나리오에 관해선 Berg, Buffie, and Zanna(2018)를 보라. 노동자와 '로봇' 자본 사이의 대체 탄력성이 2.5라는 점, 즉 다른 가격과 전통적 자본의 양이 고정돼 있다고 가정할 경우 임금이 1퍼센트 오르면 노동 대 로봇 자본의 상대비율이 2.5퍼센트 증가한다는 건 특별한 가정이다. 상세한 내용과 수많은 대안 시나리오는 Berg, Buffie, and Zanna(2018)에 제시돼 있다.

152

냐, 저축과 투자가 얼마나 빠르게 수익률에 반응하느냐에 달려 있다. 그림 8.1에 제시된 우리 모형의 기본 시나리오에 따르면, 생산성 효과가 대체 효과를 압도하고 임금을 끌어올리는 데 20년이 걸린다. 둘째, 자본이 꾸준히 경제에서 자신의 역할을 최대한 늘리리라는 점이다. 자본은 임금이 로봇 이전 시대 수준을 넘어서는 장기에도 특이한 경우에서처럼 전체 소득을 완전히 챙겨가는 게 아니라 더 많은 몫을 가져갈 것이다. 따라서 불평등은 더욱 악화될 것이다. 아마도 극적으로.

로봇과 노동소득 불평등

노동소득과 자본소득의 상대적 비중 변화 이외에도, 로봇은 노동자들 사이의 소득 불평등을 확대할 수 있다. 모든 노동자가 동일한 조건에 놓여 있진 않기 때문이다. 우리 모형을 확대해 모든 노동자를 두 개의 범주로, 즉 '숙련 노동자'와 '미숙련 노동자'로 구분하면 이런 결론에 이른다. 여기서 숙련 노동자란 로봇에 의해 대체될 가능성이 낮다는 뜻이다. 오히려 로봇은 이들 노동자의 생산성을 증가시킬 수 있다. 미숙련 노동자는 대체될 가능성이 아주 높다. 따라서 여기서 말하는 숙련 노동자는 전통적으로 높은 수준의 교육을 받은 노동자가 아닐 수도 있다. 숙련 노동자는 미래의 로봇이 특히 갖추기 힘든 창의성과 공감 능력을 지닌 사람들이다. 칼 프레이Carl Frey와 마이클 오스본Michael Osborne을 따라, 노동력의 절반 정도가 로봇에 의해 대체될 수 있고, 결국 '미숙련'이라 가정해 보자(Frey and Osborne 2013).

로봇 기술이 더욱 저렴해지면 어떤 일이 벌어질까? 앞서 봤듯이

1인당 생산량은 증가한다. 종합적인 자본 몫(전통적 자본 + 로봇 자본)도 늘어난다. 하지만 그렇다곤 해도 추가적인 효과가 나타난다. 바로 숙련 노동자의 임금이 미숙련 노동자의 임금에 비해 상대적으로 그리고 절대적으로 높아지게 된다. 왜 그럴까? 이들 노동자는 로봇과 결합됐을 때 훨씬 더 생산적이기 때문이다(그림 8.2). 가령 로봇 군단을 지휘하는 디자이너의 엄청난 생산성을 상상해 보라. 그러는 사이 장기적으로도 미숙련 노동자의 임금은 상대적으로나 절대적으로나 곤두박질친다.

이제 불평등은 두 가지 근본적인 이유에서 확대된다. 앞서 봤듯이 자본은 전체 소득에서 더 많은 몫을 챙겨 간다. 게다가 임금 불평등은 극적으로 악화된다. 숙련 노동자의 생산성과 그들에게 지불되는

그림 8.2 로봇의 효율성 증가가 숙련 및 미숙련 노동자의 임금에 미치는 효과

로봇 효율성이 증가하면 미숙련 노동자의 임금은 낮아지고 그들에게 돌아가는 소득 몫도 줄어든다.

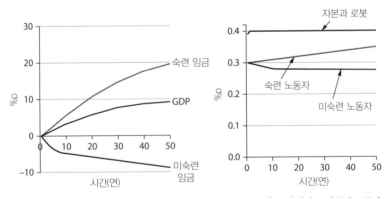

주: 이 그림은 '로봇' 자본이 대학 졸업 학력의 노동자('숙련 노동자')를 보완하고 미숙련 노동자를 대체한다고 가정하는 것을 제외하고는 그림 8.1과 동일한 가정을 따른다. 상세한 내용과 다양한 대안 시나리오에 관해서는 Berg, Buffie, and Zanna(2018)을 보라.

임금은 꾸준히 증가하는데, 낮은 숙련도를 지닌 노동자는 외로이 로봇과 힘겨운 싸움을 벌여야 한다. 물론 처참하게 패배한다. 구체적 숫자는 숙련 노동자와 로봇의 보완 정도와 같은 몇몇 핵심 변수에 달려 있을 터이나, 대략적인 결론의 윤곽은 우리가 했던 단순한 가정에서 나온다. 우리는 기본 시나리오에서 50년이라는 시간 동안 저숙련 노동자의 실질임금이 40퍼센트 하락하고, 국민소득에서 이들 그룹이 차지하는 몫이 35퍼센트에서 10퍼센트로 줄어든다는 결론을 얻었다.

지금까지 우리는 미국을 비롯한 여러 선진국에 대해 살펴봤다. 이들 나라가 기술적으로 더욱 앞서가리란 점을 감안하면 당연해 보인다. 하지만 로봇의 시대는 생산물의 국제적 분배에도 영향을 줄 수 있을 것이다. 예를 들어 로봇에 의해 대체되는 미숙련 노동이 개발도상국의 노동력이라면 이들 나라의 상대적 임금은 더 줄어들 수 있다.

누가 로봇을 소유할 것인가?

이런 이야기는 운명처럼 이미 정해진 게 아니다. 첫째, 현존하는 데이터를 분석하는 게 아니라 주로 앞으로 나타날 기술 트렌드의 결과에 대해 추측하는 중이다. 우리가 머릿속에 그리는 최근의 혁신들은 선진국 경제의 생산성과 성장 통계에 아직은 모습을 드러내지 않았다. 실제로 최근 몇 년간 생산성 증가율은 낮았다. 또한 우리가 지적했듯이 많은 나라들에서 기술이 불평등 확대를 불러오는 유일한—혹은 주된—범인은 아니다. 대부분의 선진국에서 숙련 노동자의 상대적 임금 증가는 미국보다 더 낮았다. 심지어 비슷한 기술 변화를 겪고 있는 것처럼 보이는 선진국에서도 마찬가지였다. 피케티, 사에즈, 주크만이 강조해 잘 알려졌듯이, 최근 몇 십 년간 불평등 증가의 대부분은 전체 인구의 매우 작은 부분에 집중돼 있으며, 아마도 기술이 주된 역할을 한 것 같지는 않다(Piketty, Saez, and Zucman 2016). 그럼에도 최근 몇 십 년간 세계의 많은 지역들에서 관찰된 불평등 확대(아마도 뉴스를 장식하는 몇몇 정치적 불안정과 포퓰리즘 사례조차)는 위험을 일깨워 주고 불안을 부채질한다. 불길하게도 대략 몇 십 년간의 안정기가 지난 뒤 21세기에 들어 미국에서 노동소득 분배율이 줄어들고 있는 것 같다(Freeman 2015).

SF 작가 아이작 아시모프Isaac Asimov의 유명한 로보틱스 3대 법칙은 로봇에 의한 물리적 공격으로부터 인간을 보호하기 위해 고안됐다. 제1법칙에 따르면, "로봇은 인간을 다치게 하거나 혹은 인간이 해를 입도록 작동해서는 안 된다." 개별 로봇의 개발자들에겐 이런 기준이 이로울지 모르겠으나 우리가 여기서 논의하고 있는 경제 차원의 파장을 다루는 데는 전혀 쓸모없다. 우리의 소박한 모형은 부드럽게 작동하는 시장 경제에서조차 로봇이 자본 소유자에게 남는 장사가 될 뿐더러 대당 평균소득을 증가시킬 수 있음을 보여 준다. 하지만 그 결과가 우리 대부분이 살고 싶어 하는 그런 사회는 아니리라. 공공정책 대응을 위한 사례로는 강력하다.

이 모든 시나리오에서 일자리는 존재한다. 하지만 문제는 자본 소유자와 로봇에 의해 쉽게 대체될 수 없는 숙련 노동자에게 소득의 대부분이 돌아간다는 점이다. 그 밖의 사람들에게는 낮은 임금이, 전체 파이에서 더 적은 몫이 허용될 뿐이다. 이런 사실은 똑똑한 기계에 의해 대체되지 않고 그 기계를 보완하는 창의성과 기술을 증진시킬 교육의 중요성을 일깨워 준다. 인적 자본에 대한 투자는 평균 임금을 높이고 불평등을 감소시킬 것이다. 다만 설령 그렇게 하더라도 로봇의 도입은 오랜 기간 동안 평균 임금을 억누르고 자본의 몫은 늘릴 것이다.

이런 사회는 앞으로 많은 도전과 맞닥뜨리게 된다. 구매력이 점점 더 소수에 집중될 때 충분한 총수요를 보장하는 일, 낮은 임금과 높은 불평등과 관련된 사회적 정치적 도전을 넘어서는 일 그리고 보건의료 및 교육, 그들의 자녀들에게 투자할 수 있는 노동자의 능력과 관련해 낮은 임금이 주는 시사점에서 교훈을 얻는 일 등이 모두 포함될 수 있다. 과연 탈출구가 있을까? 그렇다. 우리는 지금까지 자본으로부터의 소득이 매우 불평등하게 계속 분배된다고 암묵적으로 가정했다. 하지만 1인당 전체 생산량이 늘어난다는 건 곧 자본으로부터의 소득이 재분배된다면 모두가 더 잘 살 수 있다는 뜻도 된다. 자본과 세를 통해 모든 이들에게 기본소득을 보장하는 것도 하나의 방법이다. 하지만 또 다른 재분배 메커니즘도 존재한다. 결코 부정할 수 없는 한 가지는, 단지 현재 존재하는 불평등에 대응하기 위해서가 아니라 로봇의 확산으로 인해 앞으로 다가올 더욱 극심한 불평등과 맞서기 위해서라도 재분배가 정치 아젠다의 중요한 내용이 되어야 한다는 사실이다.

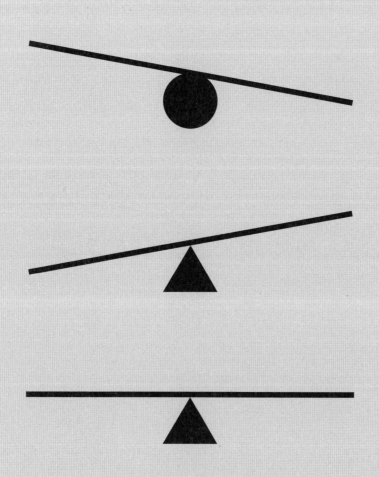

제9장

불평등 치유: 재분배

우리는 평등이 더 높고 더 지속 가능한 성장을 이끈다는 사실을 지켜봤다. 그렇다고 해서 재분배를 위한 노력이 자동적으로 정당성을 얻는 건 아니다. 특히 불평등은 적어도 부분적으로는 그 자체가 성장을 갉아먹는 재분배 노력을 불러온다는 이유로 성장에 해로울 수 있다. 이런 상황에서는 설령 불평등이 성장에 해로울지라도 과세나 이전지출이 나쁜 처방일 수 있다. 재분배정책의 부정적 효과—효율성은 불평등을 줄이려는 노력이 작동하지 못하도록 "바람을 뺀다"—는 아서 오쿤Arthur Okun의 유명한 1975년작 『평등과 효율: 거대한 트레이드오프Equality and Efficiency: The Big Trade-off』의 중심 주제다.

하지만 정반대의 주장도 있다. 평등을 진작시키는 개입이 성장에 진짜 도움을 줄 수도 있다. 예를 들어 부정적 외부 효과—주로 부유한 사람이 만들지만 가난한 사람이 해를 입는——를 낳는 행위에 대한 과세, 개발도상국에서 초등교육 기회를 증진하려는 목적의 현금이전, 가난한 사람이 혜택을 입는 공공자본과 교육에 대한 투자 등이 그런 사례들이라고 할 수 있다. 어떤 범주의 정부 지출——예를 들어 사회간접시설에 대한 공공투자, 보건과 교육에 대한 지출, 사회보험 제도 등——은 성장과 형평성 모두에 도움 된다. 물론 다른 범주는 오쿤이 생각했던 트레이드오프 관계를 나타낼 수 있지만 말이다. 재분배정책의 거시경제 효과는 재정 패키지의 서로 다른 요소들 사이의 균형을 반영할 듯하고, 실제로 재분배가 성장에 이로울지 해로울지는 경험의 문제로 보인다. 따라서 우리는 불평등 처방이 질병 그 자체보다도 성장에 더 해롭다는 결론으로 성급히 나아가서는 안 된다. 효율성과 평등 둘 다 높일 잠재력을 지닌 윈 - 윈 정책이 존재할 수 있다.

수많은 문헌들이 재분배와 성장, 불평등 사이의 상관관계를 검토해, 결론적으로 그림 9.1에 요약된 복잡한 조합의 관계에 도달했다. 불평등은 혁신과 기업가 정신을 위한 유인을 제공함으로써 성장에 긍정적으로 영향을 줄 수 있다(선 E)(Lazear and Rosen 1981). 또 부유한 사람이 자신에게 돌아온 소득 몫의 더 많은 부분을 저축한다면 저축과 투자를 늘릴 수 있기 때문에 성장에 영향을 줄 수도 있다. 아마도 가난한 나라들에겐 특히 더 의미가 있을 듯한데, 적어도 소수의 개인들로 하여금 사업을 시작하는 데 필요한 최소한의 밑천을 축적하고 좋은 교육을 받도록 만들기 때문이다(Barro 2000). 하지만 불평등은 가난한 사람한테서 건강은 물론이고 인적 자본을 축적할 역량을 빼

162

그림 9.1 불평등, 재분배 및 성장의 상호관계

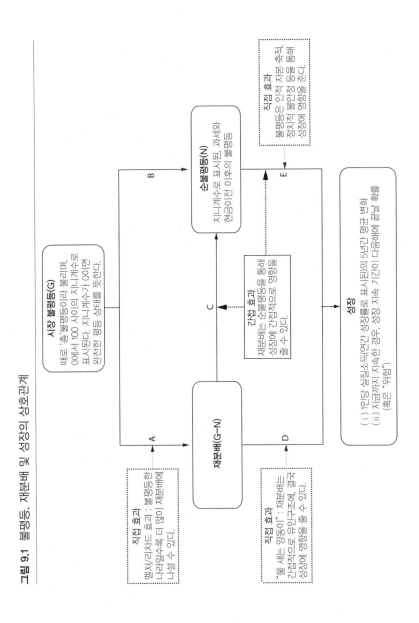

직접 효과
멜처/리처드 효과 : 불평등한 나라일수록 더 많이 재분배에 나설 수 있다.

시장 불평등(G)
때로 '총'불평등이라 불리며, 0에서 100 사이의 지니계수로 표시된다. 지니계수가 00이면 완전한 평등 상태를 뜻한다.

순불평등(N)
지니계수로 표시된, 과세와 현금이전 이후의 불평등

직접 효과
불평등은 인적 자본 축적, 정치적 불안정 등을 통해 성장에 영향을 준다.

직접 효과
"물 새는 양동이" : 재분배는 간접적으로 유인구조에, 결국 성장에 영향을 줄 수 있다.

재분배(G–N)

간접 효과
재분배는 순불평등을 통해 성장에 간접적으로 영향을 줄 수 있다.

성장
(i) 1인당 실질소득(연간 성장률로 표시되)의 5년간 평균 변화
(ii) 지금까지 지속된 경우, 성장 지속 기간이 다음해에 들 날 확률 (혹은 "위험")

앗아 버리므로 성장에 해로울 수 있다(Perotti 1996; Galor and Moav 2004; Aghion, Caroli, and García-Peñalosa 1999). 또 정치적 · 경제적 불안정을 낳아 투자를 감소시키고(Alesina and Perotti 1996), 충격에 적응하고 성장을 유지하는 데 필요한 사회적 합의를 지연시키기 때문에도 그렇다(Rodrik 1999). 제스 벤하비브Jess Benhibib의 이론 모형(Benhabib 2003)에서처럼 불평등과 성장 사이의 관계는 비선형적이다. 불평등이 일정 수준을 넘어서 커지는 것은 지대 추구를 자극하고 성장률을 낮추는 데 반해, 낮은 수준에서의 불평등 증가는 성장을 촉진하는 유인을 제공한다.

시장 불평등과 재분배 사이의 관계와 관련해(선 A), 우리는 더 높은 불평등이 재분배 압력을 낳을 것이라 주장하는 알란 멜처Allan Meltzer와 스콧 리차드Scott Richard의 세미나 논문(Meltzer and Richard 1981)에서 주목했던 경로를 강조한다. 적어도 민주주의 사회에서는 정치 권력이 경제 권력보다 더 고르게 분배되어 있으므로 대다수 유권자들이 재분배에 찬성하는 쪽으로 표를 던질 역량과 유인을 가지고 있으리란 게 이런 판단의 근거이다. 그럼에도 스티글리츠가 강조하듯이, 부유한 사람이 가난한 사람보다 정치적 영향력을 더 많이 지닌다면 이는 적절한 사례가 될 수 없다(Stiglitz 2015).

재분배가 성장에 영향을 미칠지와 관련해(선 D), 더 많은 세금과 보조금이 일하고 투자할 유인을 해친다는 이유에서 일반적으로는 성장을 해친다고 가정돼 왔다(Okun 1975). 하지만 부자에게 혜택을 주는 세금 지출이나 세제상의 허점을 줄이는 정도에 따라, 혹은 더 넓은 세제 개혁의 일환으로(예를 들어 상속세 인상과 노동소득에 대한 세금 인하) 재분배가 원래부터 성장에 해로운 것은 아니라고 인정한 사람들도 있다. 넓게 보자면 누진세가 공공지출 재원으로 쓰일 때, 사회보험 지출이 가난한 사람들의 복지와 위험 감수 행동을 증진시킬 때(Benabou 2000), 혹은 보건 및 교육 지출 확대가 가난한 사람들에게 도움이 될 때(Saint-Paul and Verdier 1993; 1997), 노동시장과 자본시장의 결점을 상쇄해 그 어느 경우에나 재분배가 일어날 수 있다. 이 경우에 재분배 정책은 평등과 성장을 모두 끌어올릴 수 있다. 재분배의 종합적 효과에 대해선 대체로 무시해 왔다. 즉 불평등과 재분배를 동시에 살피는 논문은 거의 없고, 직접 효과(선 D)와 불평등을 통한 간접 효과(선 C/선 E)를 결합하는 방식 정도로만 다루고 있다.

재분배와 성장 사이의 관계에 대한 경험 연구들도 다소간 나뉘어져 있다. 비토 탄지Vito Tanzi와 호웰 제Howell Zee는 성장과 과세 수준 사이의 관계는 (-)이되, 이 관계가 그리 강한 편은 아니고, 모형 특성에 민감하다는 몇 가지 보편적 특징을 알아냈다(Tanzi and Zee 1997). 지출spending과 관련해서 피터 린더트Peter Lindert는 재분배 성격을 띤 몇몇 공공지출 범주가 명시적으로 성장에 역효과를 내지 않는다는 점에서 일종의 "공짜 점심free lunch"(예를 들어 보건 및 교육 지출, 세수에 기반한 사회간접시설 지출)의 역설을 목격한다(Lindert 2004).

우리는 다음 질문에 정면으로 맞닥뜨려 보고자 한다. 역사상의 거시경제학 증거들은 불평등과 재분배, 성장 사이의 관계에 대해 무엇을 말하고 있는가? 특히 평균적으로 불평등이 성장에 미치는 부정적 효과가 결과적으로 불평등의 감소를 초래하는 긍정적 효과를 압도하는 증거를 찾아낼 수 있을까?

재분배 측정하기

불평등과 성장에 관한 기존 연구의 명시적인 한계는 다수의 나라들에 대한 비교의 관점에서 순불평등과 시장 불평등을 측정하는 데이터가 부족하다는 점이다. 이런 문제 때문에 연구자들이 불평등의 효과와 재분배의 효과를 구분하기가 어려웠다. 연구의 품질이나 범위와 관련해서는 수많은 어려움이 존재한다. 개발도상국의 경우와 먼 과기의 경우엔 특히나 그렇다. 하지만 아마도 가장 핵심적 이슈를 꼽자면, 가계를 대상으로 한 분배 연구는 많지만 대체로 비교 불가능하다는 점이다. 예를 들어 어떤 연구는 1인당 소득을, 다른 연구는 가구당 소득을 측정한다. 어떤 연구는 가처분소득을 측정하려 하는 데 반해, 다른 연구는 총지출을 측정한다.

프레드릭 솔트Frederick Solt의 연구는 지금까지 이들 문제를 다루는 최선의 시도다(Solt 2016). 그는 가능한 한 많은 나라와 광범위한 시기를 대상으로 순불평등 및 시장 불평등 지니계수의 비교 가능한 시계열을 추론하기 위해, 이용할 수 있는 연구들로부터 얻은 정보를 결합했다. 그는 연구의 품질이 언제 데이터세트에 포함하기에 충분한지 판단하면서, 이용할 수 있는 연구들로부터 얻은 불평등 측정값을 조합한다.

우리는 솔트의 데이터를 이용해 재분배를 시장 불평등과 순불평등 사이의 격차로 정의한다. 표 9.1은 우리의 재분배 측정값과 이전 문

표 9.1 재분배와 이전지출 사이의 상관관계

이전지출 변수의 이름	상관관계 계수
조세수입(GDP 대비 %)(WBWDI)	0.51
보조금 및 기타 이전지출(지출 대비 %)(WBWDI)	0.49
일반정부의 사회보장지출/GDP(OECD)	0.55
가계가 수취한 경상이전지출/GDP(OECD)	0.52
보조금/GDP(OECD)	0.42
GDP 대비 사회지출(OECD)	0.68
GDP 대비 총조세수입(OECD)	0.70

주: 재분배는 시장소득 불평등과 순불평등의 격차로 계산.
출처: Ostry, Berg, and Tsangarides (2014).

헌에서 사용된 일련의 대용물 사이의 상관관계를 제시한다. 표는 상관관계가 대략 0.5에서 0.75 사이 범위 안에 있음을 보여 준다. 이 결과는 우리의 측정값이 이전지출에 대한 여러 상식적인 측정값들과 매우 높은 상관관계가 있다는 것을 확인해 주고, 독특한 정보를 포함할지 모른다고(상관관계가 100퍼센트 아래 있으므로) 생각한다. 이는 추정에 바탕을 둔 많은 재분배 이전지출이 그리 특별한 경우가 아니라는 관찰과 일맥상통한다. 또한 솔트의 순불평등(Solt 2009)이 정부에 의한 재화와 서비스의 현물 지급이나 간접 조세의 효과를 대체로 포함하지 않는다는 사실도 반영할 수 있다. 왜냐하면 이런 것들은 통상 가계 연구에서 잘 포획되지 않기 때문이다.

이제 불평등과 재분배 추세에 대해 살펴보자. 시장 불평등이 높은 나라들일수록 더 많이 재분배하는 경향이 있을까? 그림 9.2는 y축의 실질 불평등을 x축의 시장 불평등과 비교한다(각각의 점은 데이터를 이

그림 9.2 여러 나라의 불평등

대부분의 나라는 45도 선 아래에 위치하는데, 이는 어느 정도 재분배가 이뤄지고 있음을 뜻한다.

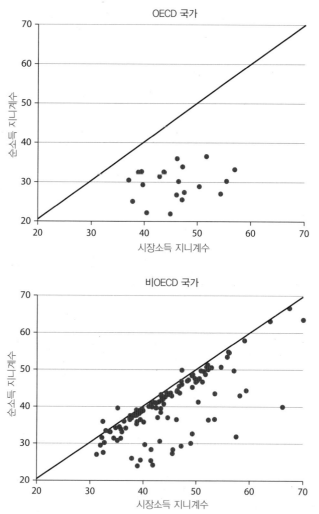

주: y축은 순소득 불평등 지니계수, x축은 시장소득 불평등 지니계수(둘 다 가장 최근 연도의 데
   이터를 사용했다).
출처: Ostry, Berg, and Tsangarides (2014).

용할 수 있는 가장 최근 연도의 나라별 상황을 나타낸다). 45도 선상에 위치한 나라는 순불평등과 시장 불평등이 동일할 것이다. 대부분의 나라는 선 아래쪽에 위치하는데, 이는 어느 정도 재분배가 이뤄지고 있음을 뜻한다. 소수의 몇몇 나라에선 상당한 정도의 재분배가 이뤄지고 있다. OECD 회원국은 비회원국에 견줘 재분배 정도가 상당하다. 실제로 이 집단에서 상대적으로 시장 불평등이 높은 나라들조차도 순불평등은 평균을 살짝 넘는다(그래프의 점들은 대체로 바닥선을 따라 집중적으로 모여 있다). 달리 말하자면, 상대적으로 불평등한 나라들은 시장 불평등 수준에 비해 재분배 정도가 낮은 나라들이다.

우리의 결론은 시장 불평등과 재분배 사이에 뚜렷한 관계가 있음을 확인해 준다. 추정 효과는 뚜렷하다. 샘플의 50분위에서 75분위 사이에서 시장 불평등이 증가하면(예를 들어 2005년 필리핀처럼 시장지니계수 0.45에서 2005년 니카라과처럼 시장지니계수 0.51로) 재분배도 3퍼센트포인트 증가한다. 이 관계는 나머지 샘플보다 OECD 샘플에서 더 강력하다. 물론 나머지 샘플에서도 여전히 뚜렷하긴 하다.

재분배와 성장

이제 두 가지 접근을 사용해, 성장과 불평등 및 재분배 사이의 관계에 관한 증거를 살펴보자. 첫째, 문헌을 따라가면서 중기medium-term 성장과 우리가 관심을 갖는 변수를 검토한다. 특히 우리는 소득 수준, 제도의 질 그리고 우리 방식에선 특히 중요한 불평등 수준과 재분배 이전지출의 정도를 포함한 다양한 지표에 따라 5년간 평균 성장이 얼마나 좌우되는지 질문을 던진다. 둘째, 제3장에서 주목했던 성장기의 지속 기간을 살펴본다. 그림 9.3에서 재분배와 성장의 지속 사이에는 기껏해야 약한 (그리고 약간은 부(-)의) 관계를 발견할 수 있다.

  앞선 장들에서와 마찬가지로, 단순한 상관관계를 넘어서는 게 중요하다. 그밖에도 여러 다양한 요인들이 성장을 이끈다. 더군다나 우리가 관심을 가진 변수들 그 자체가 서로 관련성을 지닌다는 점을 우리는 알고 있다. 따라서 우리는 불평등과 재분배가 동시에 포함됐을 때 그리고 다른 요소들을 끌어들였을 때, 관계가 어떻게 유지되는지를 살펴볼 필요가 있다.

그림 9.3 성장과 재분배

재분배와 성장 사이엔 기껏해야 약한 (그리고 약간은 부(−)의) 관계가 존재한다.

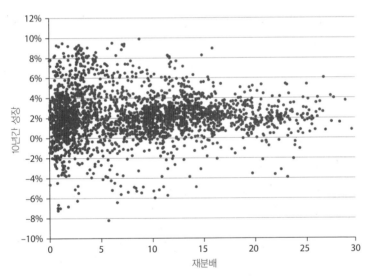

주: 샘플 대상국의 10년간 성장과 이전지출 사이의 약한 상관관계.
출처: Ostry, Berg, and Tsangarides (2014).

우리가 사용하는 단순 모형의 기본 특성은 성장이 초기 소득, 순불평등, 재분배에 좌우되는 단순 모형을 기본 전제로 한다. 분석 결과는 그림 9.4에 제시돼 있다. 막대의 높이는 해당 변수값을 샘플의 중간 값에서 60분위 수준으로 증가시켰을 때 성장률에 미치는 효과를 나타낸다. 불평등이 심하면 성장률을 낮춘다는 사실을 알 수 있다. 양적으로, 순소득 지니계수가 0.37(2005년 미국처럼)에서 0.42(2005년 가봉처럼)로 높아지면 성장률은 평균 0.5퍼센트포인트 낮아진다. 달리 말해, 재분배와 초기 소득이 고정돼 있다는 전제 아래 성장률이 연간 5퍼

그림 9.4 불평등과 재분배가 성장에 미치는 효과

불평등이 심해지면 성장률을 낮춘다.

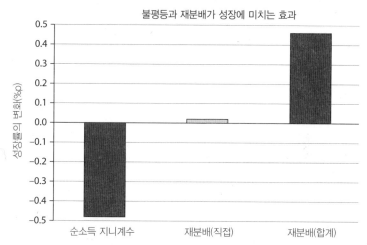

주: 각각의 변수에 대해, 막대의 높이는 다른 변수값은 50분위 수준에 두고 해당 변수값만 50분위에서 60분위로 증가시켰을 때 5년 평균 1인당 실질소득 증가율을 나타낸다. 가운데의 엷은 색 막대는 이 효과가 부정확하게 추정돼 0의 값과 명백하게 차이가 나지 않는다는 사실을 반영한다. 재분배의 전체 효과 계산은 재분배가 시장 불평등엔 아무런 효과를 주지 못한다고 가정한다.

출처: Ostry, Berg, and Tsangarides (2014).

센트에서 4.5퍼센트로 줄어드는 식이다. 반대로 재분배는 겉으로는 생산량에 아무런 영향을 주지 못한다. 이 두 효과를 더하면 재분배 확대가 성장에 미치는 전체 효과를 알 수 있다. 전체 효과는 순지니를 고정하고 재분배를 변화시켰을 때의 직접 효과(1)에, 순지니 감소에 따른 성장 효과(2)를 더한 것이다. 순효과는 연간 성장률을 약 0.5퍼센트포인트 높인다.

이런 결과들은 재분배를 통한 불평등 감소와 성장 사이에는 평균적으로 중요한 트레이드오프 관계가 존재한다는 기존의 인식에 부합하지 않는다. 만일 이런 트레이드오프 관계가 존재한다면, 재분배는 성장에 부정적 영향을, 순불평등보다도 더 강력한 영향을 끼쳤어야 할 것이다. 만에 하나라도 사실이 그렇다고 한다면, 재분배 확대의 직접 효과와 불평등 감소에 따른 효과 모두를 감안해 봤을 때, 불평등을 줄이는 재분배는 평균적으로 성장에 해가 돼야 한다. 우리의 결론은 명시적으로 이런 가설을 반박한다. 재분배가 겉으론 성장에 영향을 주지 않는 것과는 달리, 순불평등은 분명하게 성장에 부정적 영향을 준다. 이는 잠재된 부정적 직접 효과와 불평등 감소에 따른 긍정적 효과 모두를 따져봤을 때, (재분배와 성장은)트레이드오프가 아니라 재분배가 종합적으로 성장친화적 효과를 내는 윈-윈 상황에 있다는 게 분석의 평균적 결론이라는 것을 의미한다.

외부 충격이나 제도의 질, 무역 개방도 같은 일련의 추가적 결정 요인들은 물론이려니와, 물리적 자본과 인적 자본 같은 표준적인 성장 결정 요인들을 포함할 때도 우리의 결론은 유지된다.

이제 성장기의 지속 기간으로 눈을 돌려 제3장에서 논의했던 위험 발생 확률hazard probabilities을 추정해 보자. 우리의 기본 전제는 성장기가 성장기 시작 당시의 소득 수준으로 끝날 위험을 성장기 동안의 불평등 및 재분배와 관련짓는다. 그림 9.5는 우리의 결론을 그림으로 보여 주는데, 불평등이 성장기의 지속 기간과 통계적으로 의미 있는 부(-)의 관계에 놓여 있음을 알 수 있다. 이는 제3장의 결론과 맥이 닿는다. 다만 여기선 재분배를 위해 통제를 했다. 재분배 문제로 돌아가 본다면, 그림 9.5의 두 번째, 세 번째 막대처럼 재분배가 이미 상당히 진행된 국가의 경우(상위 25분위)엔 추가적인 재분배가 실제로 성장에 해롭다는 증거가 있다. 오쿤(1975)의 "거대한 트레이드오프"

그림 9.5 불평등과 재분배가 성장 지속 기간에 미치는 효과

불평등과 성장 지속 기간 사이엔 통계적으로 의미 있는 부정적 관계가 있다.

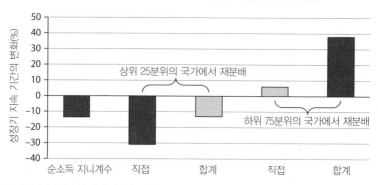

주: 재분배의 경우, 첫 번째 막대의 높이는 다른 변수는 중앙값에 그대로 주고 재분배를 75분위에서 85분위로 늘릴 때 성장 지속 기간의 증가율을 나타낸다. 다른 변수의 경우, 연관된 막대의 높이는 다른 변수는 중앙값에 그대로 두고 해당 변수값을 50분위에서 60분위로 올릴 때 성장 지속 기간의 증가율을 나타낸다. 세 번째와 네 번째 막대의 옅은 색 부분은 이들 효과가 부정확하게 추정돼 0의 값과 명백하게 차이가 나지 않는다는 사실을 반영한다.
출처: Ostry, Berg, and Tsangarides (2014).

가설이 암시하듯이 말이다. 하지만 수준이 그보다 아래인 경우라면, 추가적인 재분배가 성장에 어떤 효과를 낸다는 아무런 증거도 없다.

따라서 성장 회귀분석을 통해, 우리는 거대한 트레이드오프 가설과는 정반대로 극단적으로 과도한 재분배 상황을 제외한다면 재분배의 종합적 효과가 성장 친화적이라는 결론을 내린다. 부정적인 직접 효과는 전혀 존재하지 않고, 오히려 불평등 감소에 뒤따르는 건 성장 기간 확대와 관련 있어 보인다. 매우 극단적인 재분배의 경우엔, 재분배가 성장에 미치는 효과는 부(-)이고, 불평등이 성장에 미치는 추정 (긍정적) 효과보다 절대값에서 약간 더 높다. 하지만 이런 차이는 통계적으로 의미가 없다. 이는 극단적인 재분배의 경우라 하더라도 성장에 종합적으로 역효과를 낸다는 증거가 거의 없다는 의미이다. 왜냐하면 평등을 확대하면서 동시에 유인구조를 약화시키는 이전지출의 효과는 대략 서로 균형을 맞추기 때문이다. 13퍼센트포인트를 밑도는 규모가 더 작은 이전지출의 경우엔, 여러 증거들이 재분배의 대체로 중립적인 직접 효과와 불평등 감소에 따른 보호 효과로 인해 재분배의 종합적 효과가 성장에 친화적임을 암시한다. 또한 여기서도 성장기의 지속 기간의 몇 가지 잠재적 결정요인들을 통제했을 때, 불평등과 관련된 결론이 그대로 유지된다. 재분배와 관련한 결론들은 꽤나 취약하다. 특히 매우 큰 이전지출의 부정적 효과는 다른 특정 변수가 통제됐을 때 사라져버리는 듯하다.

우리는 우리가 발견한 사실들로부터 중요한 정책적 시사점을 얻는다. 재분배에 관한 극도로 소극적인 태도는—즉 방기—는 많은 경우에 적절하지 않아 보인다. 극단적이지만 않다면, 나라마다 그리고 일정 기간 내내 정부가 재분배를 위해 전형적으로 보인 행동은 평균적으로 성장에 나쁜 결과를 가져오지 않은 것 같다. 그로 인한 불평등 감소는 보다 빠르고 보다 오래 가는 성장에 보탬이 되었다.

제10장

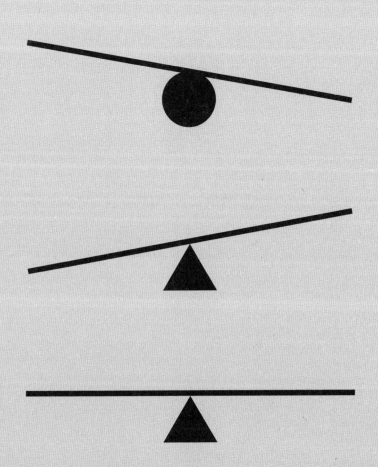

결론

거시경제학 분야는 1930년대 대공황의 여파로 탄생했다. 당시 몇 몇 나라에서는 평균소득이 25퍼센트 가까이 떨어지기도 했고, 이런 상황을 통화정책과 재정정책을 통해 피하는 것이 거시경제학의 주된 관심사였다. 1980년대 들어서는 왜 평균소득이 나라마다 다른지를 이해하는 것이 두 번째로 중요한 관심 주제가 되었다. 그리고 지난 30년에 걸쳐 3종 정책 세트—거시경제적 규율, 시장 자유화를 위한 구조 개혁, 자유무역 및 자본과 노동의 이동을 통한 시장의 글로벌 확산—가 평균소득을 증가시킬 수 있고, 가난한 나라들이 부유한 나라들을 따라잡도록 도울 수 있다는 컨센서스가 만들어졌다.

이러한 정책들이 빚어낸 상당한 편익에 대해 환호할 이유는 많다. 1990년대에 세계 경제는 성장을 일궈 냈고, 2007년 대침체의 시작

이전까지만 해도 특히 중국이나 인도처럼 인구가 많은 나라에서는 꽤 탄탄한 성과를 내고 있었다. 결과적으로 국가 간 불평등은 줄어들었고, 수백만 명의 사람들이 극도로 빈곤한 상태에서 벗어날 수 있었다. 새천년개발목표Millennium Development Goals(2015년까지 빈곤을 절반으로 줄이는 것을 목표로 2000년에 UN에서 채택된 의제-옮긴이)는 당초 계획보다 5년 앞서 달성되었다. 인플레이션도 선진국과 개발도상국 모두에서 문제되지 않는 수준이었다.

하지만 이러한 커다란 편익은 평등하게 나누어지지 못했다. 미국과 많은 선진국 경제에서 중위소득은 정체되었고, 많은 나라에서 노동소득 분배율이 줄어들었으며, 모든 선진국 경제와 몇몇 신흥시장에서 국가 내부의 불평등이 증가했다. 이 책에서 제시된 증거는 경제 정책의 이러한 분배 결과에 더 많은 주의가 필요하다는 사실을 말해 준다. 그 이유로는 다음의 세 가지를 들 수 있다.

첫째, 과도한 수준의 불평등은 사회적·도덕적인 이유에서만이 아니라 성장과 효율성에도 좋지 않다. 불평등과 성장의 관계가 복잡할 수는 있지만, 평균적으로는 더 높은 수준의 불평등은 더 낮은 수준의 그리고 덜 지속 가능한 성장을 가져온다(Ostry 2015; Berg and Ostry 2017). 그러므로 경제성장을 목표로 하는 시각을 가질 때조차 불평등에 주의를 돌릴 필요가 있다. 게다가 불평등이 심화되면 잠재적인 사회적 충돌social conflicts을 초래하여 궁극적으로 세계화를 포함한 자유시장 정책을 추구하기 어려운 정치적 반발을 불러올 수 있다.

둘째, 데이터로는 재분배가 성장에 해로운 영향을 끼칠 것이라는 두려움의 근거를 찾기 어렵다. 과도한 불평등을 줄이기 위한 정책들은 대체로 성장을 늦추기보다는 오히려 성장에 도움이 되는 경향이 있었다. "부를 보다 평등하게 나눠 가지는 것이 실제로 더 많은 부를 만들어 낼 수 있다"(Ostry 2014).

셋째, 정부가 어떤 정책을 선택하는지에 따라 소득 분배를 악화시키는 상황이 초래될 수 있다. 그러므로 소득 분배의 악화와 불평등의 심화가—어떤 이들이 주장하듯—반드시 어떤 한 정부의 통제력을 넘어선 기술 발전이나 또 다른 글로벌 트렌드 때문에 생겨나는 것만은 아니다.

이러한 이유로 우리는 전 세계적으로 경제정책의 입안을 지배해 온 규칙the rules of the road의 보정을 제안한다. 시장 친화적인 정책의 추구는 평균적인 생활 수준의 향상을 위해 필요하고 바람직하지만, 이들 정책의 분배 결과를 인식하고 사전적으로는ex-ante 더 나은 정책 설계—총계적이고 분배 효과를 염두에 둔—를 통해, 사후적으로는ex-post 재분배 조치를 통해 다루어야 한다(Ostry, Furceri and Loungani 2018).

새로운 목표: 포용적 성장의 추구

다행히도 각국의 정부들이 경제정책으로 인한 효율성과 형평성의 트레이드오프에 보다 깊은 주의를 기울이고 있다는 증거가 있다. 각국 정부는 단순한 '경제성장의 추구'—컨센서스적 관점으로서 그리고 OECD 같은 조직들이 목표로서 옹호했던—가 아닌 포용적 성장을 선택하고 있다(Loungani 2017). 포용inclusion은 중요하다. 하지만 성장

역시 중요하다. "모두가 더 큰 파이 조각을 가지려면 더 큰 파이가 필요하다"(Lipton 2016). 이를 알고 있기에 포용적 성장의 옹호자들은 과거의 소련이나 오늘날의 북한을 역할 모델role model로 염두에 두지 않는다. 그들은 포용적 성장이 아닌 포용적 빈곤misery의 예일 뿐이다.

목표의 변화는 각국 정부의 정책 선택과 그들이 IMF와 같은 기관으로부터 얻는 조언에 반영된다. 예를 들어 한때 IMF의 수석 이코노미스트였던 올리비에 블랑샤르는 "많은 선진국 경제에서 필요한 것은 신뢰할 수 있는 중기medium-term 재정 건전화이지 오늘의 재정 상황에 연연하는 긴축fiscal noose이 아니다"라고 말한다(IMF Survey 2010). 2013년 10월, IMF 총재인 크리스틴 라가르드는 미국의 국가 채무 상한을 높이기로 한 미국 의회의 결정에 찬사를 보냈다. 미국의 재정건전화의 속도에 관해 "요점은 경기가 회복되고 있을 때 지출을 대폭삭감하여 경제를 위축시키는 것이 아니기 때문에 우리는 속도를 늦추라고 말한다"라고 라가르드는 충고했다(Howell 2013). 유로 지역에 대해서 IMF는 "재정의 여유가 있는 나라들은 투자를 늘리기 위해 그것을 사용해야 한다"는 입장을 표명했다(IMF 2015).

족쇄 풀린 해외 자본의 흐름에 대한 태도도 바뀌고 있다. 어떤 해외 자본의 흐름은 상당한 비용만 발생시키고 편익은 거의 만들어 내지 못한다는 증거가 늘어나자 IMF의 전 부총재 스탠리 피셔는 "단기적인 국제 자본 흐름이 대체 어떤 유용한 목적이 있는가?"라며 반문했다. 오늘날 정책입안자들 사이에서도 자본 흐름, 특히 단기적인 캐리 트레이드carry trade(금리가 낮은 통화로 자금을 조달한 뒤 금리가 높은 나라의 금융상품에 투자하여 수익을 내는 방법-옮긴이) 자본 흐름과 관련하여 금융 안정성과 경제에 대한 위험 요소를 완화시킬 수 있는 다양한 수단을 사용하려는 방향으로 입장이 바뀌고 있다(Ostry 2012). 환율 신축성 exchange rate flexibility이 더 크다면 변동성이 큰 자본 흐름의 위험을 어느 정도 차단할 수 있다(Obstefeld, Ostry, and Qureshi 2018). 그러나 자본 통제와 건전성 조치 역시 금융 부문을 억제하는 효과를 낼 수 있다 (Ostry, Ghosh, Chamon, and Qureshi 2011; 2012). 자본 통제는 지속 가능하지 않은 신용 붐의 원천인 해외로부터 차입하고 있을 때 최선의 선택일 수 있다(Ostry, Ghosh, and Qureshi 2015).

IMF는 또한 금융적 제도적 발전의 일정한 기준을 넘어선 나라라면 해외 자본 흐름에 대한 개방이 일반적으로는 덜 위험하고 더 많은 편익을 준다는 점을 인정하면서도 전면적인 자유화는 많은 나라들에게 적절한 최종 목표일 수 없다는 점을 인식하고 있다(Ghosh, Ostry, and Qureshi 2017).

포용적 세계화를 향하여

지난 몇 년에 걸쳐 발생한 사건들은 세계화의 역전reversal에 대한 관심을 촉발시켰다. 이러한 방향은 앞서 언급했던 것처럼 더 자유로운 무역이 가져다 준 커다란 편익들을 부정하는 데에만 기여할 것이다. 동시에 세계화의 몇 가지 결점을 인정하지 않는 태도도 옳지 않다. 어떤 정책이 효율성 편익에 끼치는 효과는 의심스럽고 평등을 악화시키는 비용은 상당할 때의 문제는 우리가 그 사실을 인정하지 않는다면 사라지지 않는다. 불편한 진실을 숨기기보다는 포용적 성장을 가져올 수 있는 정책들을 설계하는 것이 그저 성장의 낙수효과만을 바라는 것보다 훨씬 더 지속 가능할 것이다(Guriev, Leipziger, Ostry 2017).

트램펄린과 안전망 취업 알선이나 재훈련 같은 정책들은 노동자들이 실업 상태로부터 회복할 수 있도록 해 준다. 이런 정책들은 경제적 충격이 생겼을 때 사람들이 더 빨리 적응하게 하고, 실업 기간을 단축시켜서 노동자의 숙련의 가치가 떨어지지 않도록 하는 데 도움을 줄 수 있다. 이러한 정책 프로그램들이 많은 선진국 경제에서 이미 시행되고 있지만, 모든 사람들이 최선의 사례로부터 혜택을 받을 수 있도록 추가 연구가 필요하다. 안전망 프로그램들도 해야 할 역할이 있다. 정부는 임금이 줄어든 전직 노동자들workers displaced에게는 임금 보험을 제공할 수 있고, 전직 노동자들을 고용하는 고용주들에게는 임금 보조금을 제공할 수 있다. 미국의 근로장려세제EITC와 같은 프로그램들은 사람들의 노동 의욕을 고취하는 것과 함께 더 좁은 소득 격차income gap로까지 확대되어야 한다(Obstfeld 2016).

금융 부문의 편익과 금융 세계화의 폭 넓은 공유 우리는 "더 윤리적이고 동시에 실물경제의 니즈를 충족시키는 데 더 적합한 금융 시스템─해를 끼치기 보다는 사회에 기여하는 시스템─"을 필요로 한다(Lagarde 2015). 가난한 사람들과 중간 계급의 금융에 대한 접근성을 넓히는 정책들이 그들도 해외 자본 흐름의 편익을 얻을 수 있도록 돕기 위해 필요하다. 국경을 넘나드는 자본 이동성 확대는 세계적인 조세 경쟁에 불을 지폈고 정부에게서 수입을 빼앗아 갔다. 라가르드가 지적했듯 이는 "모든 이들을 밑바닥에 남겨 두는 밑바닥을 향한 경쟁 race to the bottom"일 뿐이다(Lagarde 2014). 수입이 줄게 되자 정부는 노동에 대한 과도한 세금이나 역진적인 소비세 없이는 트램펄린과 안전망 정책에 필요한 자금 조달이 어려워졌다. 그러므로 우리는 세계화로부터의 이득의 상당 부분이 불비례적으로 자본에 귀속되지 않도록 조세 회피를 막기 위한 세계적인 협력을 필요로 한다(Obstfeld 2016).

'사전분배'와 재분배 IMF의 전 수석 이코노미스트인 라구람 라잔 Raghuram Rajan이 2011년 그의 책 『폴트 라인Fault Lines』에서 강력하게 주장한 것처럼, 오랜 기간 동안 사회의 모든 계급이 좋은 교육과 보건의료 서비스를 잘 이용할 수 있도록 하기 위한 정책들이 더 나은 기회의 평등을 위해 요구되어 왔다. 물론 교육과 보건의료에 대한 접근성을 개선하는 것은 쉽지 않고, 하룻밤 사이에 고칠 수 있는 문제도 아니다. 그러므로 그 사이에 '사전분배'와 같은 정책들은 재분배에 의해 보완될 필요가 있다. "세계화의 경제적 혜택을 보다 폭넓게 확산시키기 위해서는 좀 더 누진적인 세제와 이전소득 정책이 역할을 해야 한다"(Obstfeld 2016).

대침체 이래로 거시―금융의 연계 그리고 최근에는 지속적인 침체stagnation에 대한 두려움에 더 많은 주의가 기울여지고 있다. 대체로 말해, 우리의 책은 거시―분배 연계와 성장의 혜택으로부터 대다수의 사람들이 배제되고 있는 상황에서 더 많은 주의가 필요하다는 점을 지적한다.

새로운 경제 모델을 향한 IMF 경제학자들의 도전

이상헌

국제노동기구ILO 고용정책국장

이 책은 국제통화기금IMF 소속 경제학자 세 명이 불평등에 관해 연구한 결과를 종합한 것이다. 이들은 모두 IMF 연구국에 속하는 경제학자들로서, 원래 소득 분배나 불평등 연구자는 아니었다. 오스트리는 거시경제(특히 국제금융) 분야 전문가이고, 룬가니는 경제개발과 노동시장 분야를 연구해 왔으며, 버그는 미국 재무성과 골드만삭스를 거친 뒤 IMF로 옮겨 왔다. 약 10여 년 전부터 소득 불평등 문제에 주목하면서 본격적인 연구에 착수했다고 한다. 여느 경제학자들처럼 저자들은 2007~2008년의 세계 경제 대침체를 목도하면서 경제정책에 대한 고민이 깊어졌고, 불평등 연구를 진행하면서 IMF 내에서 '반성적 성찰'의 목소리를 꾸준히 내어 왔다. 학계와 언론에서도 그들의 연구에 주목했다.

이 책의 서술은 대체로 차분하고 평이하다. 지나치게 기술적인 논의는 피하면서 대중적인 방식으로 서술했다. 공공기관의 '공복'이라는 신분 때문에 저자는 정책 분석에 있어서 대체로 조심스러워하면서 도발적이거나 자극적인 언어를 피했다. 하지만 이 책의 분석적 함의는 포괄적이면서 근원적이다. 서술은 중립적이고 보수적이지만, 분석은 파격적이고 급진적이다.

이 책『IMF, 불평등에 맞서다』의 파격성은 다음 두 가지 측면과 관련되어 있다. 우선, IMF를 비롯한 세계경제기구international financial institutions가 다루지 않았거나 부차시했던 소득 불평등 문제를 경제정책의 중심으로 끌어들였다는 점이다. 물론 불평등 확대가 전 세계적인 문제로 떠오르자 관련 연구가 급조되어 쏟아져 나왔지만, 이 책의 저자들은 비교적 오래전부터 선제적으로 불평등 문제를 연구해 왔다. 특히 정책 규율이 심하고 독자적 목소리를 내기 힘든 IMF와 같은 기구에서 이루어진 이들의 선구적인 연구는 여러모로 의미심장하다.

둘째, 이 책은 불평등에 초점을 두고 있지만, 이를 통해서 기존의 거시경제정책에 정면 도전하면서 (암묵적이고 외교적인 방식으로) 새로운 경제정책 모델을 요구하고 있다. 여기서 '기존 정책'이라 함은 IMF가 그동안 회원국에게 요구해 왔던 정책 틀도 포함한 것이다. 흥미롭게도 저자들은 2016년에 이 정책 틀을 '신자유주의neoliberalism'라 부르면서, 그간 이런 유의 정책은 품질이 그다지 좋지 않음에도 불구하고 '과잉 판매oversold'되었다고 주장했다. IMF가 출간하는 대표적인 잡지인「금융과 개발Finance & Development」에 실린 이들의 글은 다음과 같이 마무리된다. "정책 결정자나 이들을 조언하는 IMF 같은 기구들은 믿음faith이 아니라 정책의 실제 효과에 관한 증거evidence에 따라야 할 것이다."

이 글에서는 이 책의 원제인 "불평등에 맞서기Confronting Inequality"의 중요성을 이런 각도에서 간단히 살펴보고자 한다. 우선 IMF 정책 권고의 역사를 간단히 살펴본 뒤, 그 맥락에서 이 책의 분석적 함의를 다룰 것이다. 곧이어 이 책이 제시하는 정책 방향도 따져볼 것인데, 앞서 지적한 것처럼 여기서 저자들의 '외교적 조심성'이 도드라진다. 저자들이 신자유주의라고 부른 정책 틀의 한계에 대한 그들의 비판은 명징하지만, 정책 대안에서는 다소 제한적인 모습을 보인다. 따라서 최근에 발표된 불평등 관련 연구 저작과 비교하면서 "불평등에 맞서기"의 정책적 함의를 확장해 볼 것이다.

1. "통상적" 경제정책 모델의 신뢰성 위기

워싱턴의 펜실베이니아 애비뉴Pennsylvania Avenue를 걷게 되면 권위의 위압감을 피할 수 없다. IMF와 세계은행World Bank이 어깨를 나란히 하고 있고, 조금 더 가면 미국 재무성이 나온다. 미국의 중앙은행인 연방준비제도U.S. Federal Reserve System도 멀지 않은 곳에 있다. 세계 경제를 움직이는 거대한 기구들이 한자리에 모여 있고, 여기서 경제정책 운용의 주요 지침이 정해진다. 그들이 합의하면 곧바로 '세계적' 합의가 되는 셈이다. 1990년대에 들어서는 그들의 합의가 유독 주목 대상이었는데, 그것이 바로 워싱턴 컨센서스Washington Consensus다. 이 책의 저자들은 이를 '컨센서스'라 부르며 빈번하게 언급하고 있다.

워싱턴 컨센서스라는 용어를 만들어 낸 존 윌리암슨John Williamson은 그 핵심 정책을 10가지로 요약했지만(Williamson 1990), 사실상 "안정화stabilize, 민영화privatize, 자유화liberalize"로 요약될 수 있다(Rodrick 2006). '안정화'에서 핵심적인 것은 재정 긴축과 엄격한 물가 관리였고, '자유화'는 금융시장 개방 및 국내시장의 규제 완화를 포함하였다. '민영화'는 공공기업의 축소 및 매각이었고, 그 재원의 일부는 재정 '안정화'를 위해 사용되었다. 한마디로 국내외로 국가나 정부의 역할은 축소하고, 자유시장의 역할을 대폭 확대한다는 것이었다.

사회주의권의 몰락이라는 역사적 상황과 겹쳐서 워싱턴 컨센서스는 전무후무한 막강한 영향력을 발휘했다. 워싱턴의 '합의'라고 불렸지만, '합의'라고 하기에는 선택의 여지가 없었다. 국제금융기구의 지원을 받으려면 무조건 '합의'에 따라야 했던(conditionality), 말하자면 '강요된 합의'였던 셈이다. 각국이 직면한 다양하고 복잡한 상황에 대한 고려는 없었다.

워싱턴 컨센서스는 애당초 그 '강제성'뿐만 아니라 정책적 효과성 측면에서 논란을 불러왔다. 예상한 대로 경제성장과 안정을 이룰 수 있을 것인지 그리고 성장을 이룬다면 그 혜택이 모든 경제 주체에게 돌아갈 것인지에 대한 의문이 컸다. 정치적으로는 이런 근본적 의문이 '반세계화 운동anti-globalization movement'으로 발전하기도 했다. 이와 같은 회의적 시각에 대한 워싱턴 컨센서스의 답은 대체로 두 가지였다. 첫째, 강력한 구조조정을 요구하는 정책 처방이 초반부에는 고통스럽고 힘들겠지만 이 고비를 넘으면 좋아진다. 즉 '몸에 좋은 쓴 약'이라는 것이다. 둘째, 경제성장의 혜택이 처음에는 일부 계층에 강하게 나타나겠지만 종국에는 모든 경제 주체에게 퍼져 나갈 것이다. 이른바 낙수효과trickle-down effect다.

하지만 컨센서스의 약속은 실현되지 못했다. 고통은 예상보다 크고 길었지만 약속한 경제성장은 오지 않고 또 다른 경제위기의 파고가 몰려왔다. 아프리카의 경제는 여전히 도약하는 데 실패했고, 남미 경제의 수렁은 깊어질 뿐이었다. 처방을 따르지 않은 나라들—예컨대 중국—은 오히려 꾸준하고 안정적인 성장을 거듭했다. 급기야 세계은행의 2005년 보고서 「1990년대 경제성장: 경제 개혁 10년의 교훈Economic Growth in the 1990s: Learning from a decade of reform」는 그간의 실적을 평가하면서 컨센서스의 '실패'를 인정했다. 대니 로드릭은 이 보고서를 검토한 뒤 워싱턴 컨센서스는 이데올로그ideologue의 예견된 실패라고 평가했다(Rodrik 2006).

낙수효과도 나타나지 않았다. 소득 분배는 도리어 악화되었고, 이 문제가 사회적 정치적 불안의 도화선으로 떠오르기 시작했다. 펜실베이니아 애비뉴에는 시위대가 연일 소리 높여 '컨센서스'라는 오진을 비난하고 올바른 처방을 요구했다. 조지프 스티글리츠와 같은 유명 경제학자들이 낙수효과 '신화'를 집중적으로 비판하기 시작한 것도 이즈음이다. 세계경제위기도 곧 뒤따랐다. 따라서 『IMF, 불평등에 맞서다』가 대서양 건너 튀니지의 민중 시위('아랍의 봄')를 목도한 IMF 관계자의 충격에 대한 이야기로 시작하는 것은 지극히 당연하고도

적절하다. 당시 튀니지는 IMF 개혁 처방에 따르면서 거시지표상으로 양호한 상태였기 때문에 불평등 해소를 요구하는 대규모 시위에 IMF 경제학자들은 적잖이 당황했다.

2. 불평등 확대와 경제정책의 위기

이 책은 튀니지 민중들이 문제 삼았던 '불평등' 문제에서 시작한다. 따지자면 한없이 복잡한 이 문제를 저자들은 두 가지 각도에서 접근한다.

불평등의 추세와 원인

우선 소득 분배 악화 추세를 확인하고 그 이유를 따진다. 불평등의 원인을 따지는 것은 단순한 분석적 호기심 때문이 아니라 중요한 정책적 함의가 있기 때문이다. 예를 들어 이 책에서 주요한 소득 분배 지표로 분석한 노동소득 분배율(흔히 노동과 자본이라는 두 가지 생산 '기능' 간의 분배를 지칭하는 기능적 소득 분배functional income distribution를 측정하는 비율)에 대해 IMF에서는 꽤 오래전부터 관심을 가져왔다. 이 지표에 대한 학계의 관심이 늘어나던 2000년대 중반에 IMF는 노동소득 분배율의 지속적 하락 추세를 확인하고 그 원인을 분석한 바 있었다(IMF 2007). 그리고 그 주요 원인으로는 기술 변화와 무역(또는 세계화)을 꼽았는데, 이 모두 시장 경제의 어쩔 수 없는 구조적 현실이고, 인간의 선택이나 정책 영역의 바깥에 있는 것으로 보았다. 따라서 대처 방안으로 내세운 것은 대부분 교육, 직업 훈련, 제한적인 사회안전망 정도

였다. 말하자면 정책적 비관주의다.[*]

하지만 이 책은 기존의 IMF 분석과는 결을 달리한다. 저자들은 "세계화"라는 이름에 뭉뚱그려져 있는 것들을 구조적 요인과 정책 요인으로 분리해서 그 각각이 소득 분배에 미치는 영향을 분석한다. 이런 분석을 토대로 저자들은 "심층적인 구조적 요인"과 "트렌드 (기술이나 무역)"의 역할을 인정하면서도 동시에 "정부의 통제 안에 있는 경제정책"(51쪽)의 역할이 크다고 주장한다. 이들의 실증 분석에서 '경제정책'은 금융 개방, 금융 개혁(금융시장 자유화), 정부 지출에 초점을 맞추었는데, 흔히 "구조 개혁"이라 불리는 이런 정책들은 모두 워싱턴 컨센서스의 핵심이다.

무역 자유화 정책도 어느 정도까지는 정부의 통제 안에 있다는 점은 주목할 만하다. 마찬가지로 외환위기의 영향도 정책 결정에 의해 상당히 좌우된다. 간단히 말해서 불평등의 수준에 대한 경제정책의 영향은 과소평가되어 있을 수 있다(51쪽).

따라서 이 책은 기존 IMF 분석의 정책적 비관주의와 정반대 쪽에 자리하는 '정책적 적극주의'를 주장한다. 이런 관점에서 보면 기존의 정책 권고들은 당연히 소득 분배 효과 측면에서 다시 분석되어야만

● 개인이나 그룹들 간의 소득 분배를 측정하는 개인 간 소득 분배personal income distribution의 추세에 관한 분석도 이 책은 유사한 결론을 내놓는다.

한다. 그렇기 때문에 이 책은 개별 정책의 소득 분배 효과를 분석하는 데 책의 절반 이상을 할애한다. 결론은 명확하다. '구조 개혁' 정책은 대체로 불평등을 증가시킨다는 것이다.

불평등의 성장 효과

둘째, 이 책은 불평등이 경제성장에 미치는 영향을 분석한다. 이 책의 핵심적 기여 사항이다. 약간의 설명이 필요하다.

앞서 살펴본 정책의 불평등 확대 효과를 '불가피한 부수적 효과'로 간주하고 별도의 정책 영역의 대상(예컨대 사회정책)으로 간주하는 경제학자들이 적지 않았다. 동시에 경제학에서는 일반적으로 성장이 소득 분배에 미치는 영향에 주목해 왔다. 국민소득계정을 만든 경제학자 사이먼 쿠즈네츠의 이름을 따 만든 '쿠즈네츠 곡선'에 따르면, 경제성장 초기에는 소득 분배가 악화되다가 어느 정도의 소득 수준에 도달하면 불평등이 감소하는 경향이 있다. 이것이 맞다면(물론 최근 실증 연구에 따르면 그렇지 않다), 경제정책은 성장에 집중해야 하고 소득 분배 문제에 쓸데없이 재원과 시간을 투입해서는 안 된다. 이 두 가지 사례는 불평등이 부차적이거나 경제학 영역 바깥의 문제라는 경제학적 인식을 보여 준다.

하지만 불평등의 변화 자체가 경제성장에 유의미한 영향을 미친다면 상황은 달라진다. 불평등 해소는 정치 사회적이고 규범적인 문제일 뿐만 아니라 경제적 문제가 된다는 뜻이고, 소득 분배 개선 정책은 곧 경제성장 전략의 일부가 되어야 한다는 뜻이기 때문이다.

이 책은 불평등의 성장 효과를 두 가지 방식으로 살펴본다. 첫 번째는 불평등이 성장에 미치는 직접적 효과다. 예컨대, 현재의 소득 불평등이 악화되면 미래의 경제성장은 둔화되는가? 불평등과 성장 간의 인과관계를 연결해 주는 고리는 적지 않다. 소득 불평등이 전반적인 소비 수요 축소를 유발하고 이것이 투자를 축소하면서 전반적인 총수요 감소를 가져오는 '소비-투자' 경로를 생각해 볼 수 있다. 포스트케인지언이 강조하는 접근 방식이다(Lavoie & Stockhammer 2013; ILO 2013). 또한 소득 불평등이 인적 자본 투자의 축소를 가져와 미래의 생산 능력을 약화시키는 '인적 자본' 경로도 있다(OECD 2015). 불평등이 사회정치적 불안정성을 높여 경제적 불확실성을 악화시키는 '사회정치' 경로도 중요하다(Stiglitz 2012). 『IMF, 불평등에 맞서다』는 이런 다양한 경로의 존재를 전제하고 있지만, '인적 자본' 경로와 '사회정치' 경로에 무게를 둔다. 아쉽게도 '소득-투자' 경로에 대한 언급은 거의 없다.

또 한 가지 특기할 만한 것은, 기존의 실증 분석은 대체로 경제성장률에 초점을 두는 데 반해(ILO 2013; OECD 2015), 이 책은 성장 지속성persistence에 집중한다. 성장의 수준과 안정성 모두 경제성장의 중요한 측면이긴 하지만, 특히 성장률의 부침이 큰 개발도상국의 사정을 고려해 본다면 성장 지속성을 주요 변수로 분석하는 것은 상당히 중요하다. 워싱턴 컨센서스의 정책 처방에 따른 나라들은 한결같이 "장기간에 걸쳐 성장을 유지하는 능력"(57쪽)을 갖질 못했다.

결과는 대체로 깔끔하고 명확하다.[*] 개인 간 소득 분배를 측정하는 지니계수를 사용했을 때, 불평등이 10퍼센트포인트 감소하면 성장 지속성은 50퍼센트가량 늘어나는 것으로 추정되었다. 계속 성장하려면, 불평등을 꾸준히 줄여나가야 한다는 뜻이다.

두 번째 분석은 정책적 문제를 다루는데, 이것도 매우 중요하다. 불평등 축소가 성장을 도모한다고 하면, 어떻게 불평등을 줄일 것인가 하는 문제에 맞닥뜨릴 수밖에 없다. 분배 또는 재분배정책이 자연스럽게 나오게 된다. 그런데 만일 이런 불평등 축소 정책이 의도했든 안 했든 간에 경제성장에 부정적 영향을 주면 어떻게 될 것인가?[**] 소득 분배에 개입하는 정책들에 대해 부정적이었던 경제학자들이 오랫동안 제기해 온 질문이다. 예컨대 재분배를 하면 부자는 투자 의욕이나 혁신 유인을 잃게 되고 빈자는 노동 의욕을 상실하게 되어 결과적으로 경제 효율성의 손실로 이어진다는 것이다.

이 책은 이런 반론에 대비해 '선제적' 분석을 제기한다. 다양한 모델을 사용한 계량 분석 결과는 경제학자들의 우려에 근거가 없음을 보여 준다. 가령 급작스럽게 도입된 대규모 재분배정책의 경우(과거 남미의 일부 포퓰리스트 정부의 재분배정책을 생각해 볼 수 있다)에는 효율성 손실 효과를 배제할 수는 없겠지만, 보통 "재분배의 종합적 효과는 성장 친화적"이다.

- 물론 경제성장과 불평등의 인과적 관계를 부정하는 실증적 연구도 있다(가령 Kraay 2015). 이와 관련해서 최근 IMF 연구는 성장-불평등 관계가 세대 간 이동성 intergenerational mobility에 따라 달라진다는 점을 밝혔다. 즉, 세대 간 이동성이 낮을수록 소득 불평등의 성장 축소 효과는 커진다(Aiyar & Ebeke 2019 참조).
- 흔히 "예기치 않은 효과perverse effect"라 불린다(Hirschman 1991 참조).

결국 이 책의 연구 결과를 종합하면, 정부정책을 통해서 불평등을 줄일 수 있을 뿐만 아니라 이런 정책은 경제성장의 강화와 안정화에 기여한다. 기존 정책 틀을 완전히 뒤집는 결론이다.

반향과 함의

파격적인 결론인 만큼 반향도 컸다. 저자들은 이 책에 실린 결과를 2010년대 초반부터 논문으로 발표해 왔는데, 그때는 이미 세계적으로 불평등에 대한 논의가 활발해진 상황이었다. 불평등의 확대가 경제위기의 원인이라는 분석까지 나왔고, 소수에게 혜택이 집중되는 경제정책에 대한 대중들의 불만도 높았다. 이런 상황은 세계 경제의 안정적 운영을 위해 공동 보조를 맞추려고 만들어진 G20에서도 반영되었다. 경제위기 직후 2009년에 G20는 경제 회복 전략으로 강하고 지속 가능한 균형성장Strong, Sustainable and Balanced Growth을 내걸었지만, 2015년 전후해서는 여기에 포용적 성장Inclusive Growth을 추가했다. 이런 일련의 변화에는 이 책 저자들의 연구 결과가 중요한 역할을 했다. 다른 국제기구들도 불평등에 관한 정책연구를 내놓은 상황에서 IMF가 가세하면서, 마침내 ILO-IMF-OECD-World Bank가 공동으로 「G20국가들의 소득 불평등과 노동소득 분배율: 추세, 영향, 그리고 원인(ILO et al 2015)」이라는 제목의 보고서를 제출했다. 국제회의에서는 보기 드문 풍경이었다.

　구체적인 정책 논쟁에 미친 영향도 적지 않았다. 『IMF, 불평등에 맞서다』는 노동시장의 규제 완화를 통한 '유연성' 제고를 꾀했던 이른바 "노동 개혁"이 불평등을 확대할 수 있기 때문에—따라서 성장의 크기와 안정성에 부정적 영향을 줄 수 있으므로—무리하게 몰아붙여서는 안 된다고 지적한다. 금융 자유화에 대해서는 "경제 변동성의 확대와 금융위기로 이어진 사례는 수없이 많은 데 반해, 투자 확대와 성장의 관점에서 볼 때 자유화의 편익을 확정하기란 여전히 어렵다"(99쪽)고 결론지으면서, 자유화의 '추가 비용'은 노동자의 상대적 협상력 저하라고 덧붙였다. 자본 자유화에 관한 시뮬레이션은 생산성 향상 효과는 거의 없지만 큰 규모의 불평등 확대를 가져옴을 보였다. 긴축정책에 대해서도 유사한 결론을 내리고 있고("만일 충분한 재정 여력을 지닌 정부라면 부채를 지고 살아가는 편을 택하는 게 더 바람직하다"(120쪽)), 통화정책의 경우에는 팽창적 정책의 소득 분배 개선 효과에 주목하면서 불평등 해결이 "중앙은행이 결코 무시해서는 안될 요소"(142쪽)라고 강조한다.•

결국 이 책의 저자들은 워싱턴 컨센서스의 핵심 정책 모두에 물음표를 달고 있다. 성장 효과는 적고, 불평등 확대 효과는 크며, 이 둘은 사실상 긴밀히 연결되어 있기 때문이다. 이러한 결론이 가진 중대성을 감안하면, 본격적인 정책 분석을 시작하는 제4장(구조 정책과 불평등)이 칠레의 사례를 유독 강조하는 것은 상당히 효과적인 전략이다.

• 이런 일련의 변화를 부분적으로 반영하면서 IMF의 산업정책industrial policy에 대한 견해는 변화하고 있다. IMF는 국가의 적극적인 산업 육성 및 투자 개입을 의미하는 산업정책에 대해서는 "공개적으로 차마 이름도 언급하지 못할 정도로" 대단히 비판적이었으나, 최근에는 긍정적인 방향에서 논의하고 있다(Cherif & Hasanov 2019 참조).

이 책에서 밝혔듯이 칠레는 1980년대에 이른바 '신자유주의' 경제학의 거두인 밀턴 프리드먼이 "경제 기적의 사례"(73쪽)로 극찬한 나라다. 워싱턴 컨센서스의 모범적 사례로 널리 인용되곤 한다. 하지만, 이 모범 사례를 따른 나라들의 성과는 신통치 않았다. 정작 칠레도 그 이후로는 모범생 노릇을 그만두고 '자본 통제'와 같은 '이단적' 정책을 사용한 것으로 알려지고 있다. 그래서, 이 책은 워싱턴 컨센서스로부터의 '이탈'을 은근슬쩍 부추긴다.

(…) 우리의 분석은 개혁에 따른 성장의 개선이 항상 당연한 것은 아님을 보여 준다. 자유시장, 거시경제적 규율 그리고 세계화라는 정책의 컨센서스는 널리 받아들여져 왔지만, 그로부터 이탈하는 것의 비용이 크지는 않을 수 있다(94쪽).

3. 불평등에 맞서기: 대안의 모색

그렇다면, 이제 어디로 '이탈'할 것인가. 대안적 정책 틀은 무엇인가? 저자들이 제기하는 출발점은 호기롭다. 기존의 컨센서스가 실패했다는 "불편한 진실을 숨기기보다는 포용적 성장을 가져올 수 있는 정책들을 설계"(184쪽)하기를 제안한다.

구체적인 정책 제안은 크게 세 가지다. 첫째는 노동자들의 위기 내성resilience을 높이기 위한 직업 훈련과 고용서비스 강화다. 고용 안정성을 높이기 위한 임금보험이나 임금보조금, 그리고 근로장려세제 EITC를 고려 대상으로 포함했다. 둘째는 금융을 '포용적 성장'에 복무

하도록 바꾸는 것인데, 구체적으로는 금융 접근성 확대(특히 저소득층이나 중소기업)와 국제적 자본 이동의 적절한 규제 등을 제안한다. 셋째는 사전분배와 재분배를 아우르는 분배정책이다. 누진세제와 적극적인 이전소득 정책을 제시하면서도 교육과 보건의료 서비스의 개선에 방점을 둔다.[*]

저자들의 정책 제언은 대체적으로 타당하다. 정책전문가들 사이에 공감대가 큰 정책들이기도 하다. 하지만, 『IMF, 불평등에 맞서다』의 파격적인 분석에 비추어 보면, 대안적 정책 논의는 다소 소극적이고 제한적이라는 느낌이 든다. IMF 소속 경제학자라는 '신분적' 제약을 고려해 보면 이해 가능한 대목이다. 따라서 그들의 분석에 이미 함축되어 있지만 다소 암묵적인, 몇 가지 중요한 정책 영역을 명시적으로 살펴볼 필요가 있다.

우선, 사전분배 또는 1차 분배의 중요성을 언급하면서도 임금 결정과 생산물 및 서비스 시장의 구조를 개선할 수 있는 정책을 다루지는 않고 있다. 노동소득 분배율의 저하로 표현되는 불평등 확대가 주요한 경제 변수라고 한다면, 노동자의 협상력을 회복할 수 있는 정책이나 제도를 검토하는 것은 불가피하다. 임금 결정 방식(예를 들어 최저임금과 단체협상)을 다룰 필요가 있는 것이다. 이런 맥락에서 대니 로드릭이 최근에 한발 더 나아가 "전 지구적으로 이동하는 사용자에 대항하여 노동자의 협상력을 강화하는 방향으로 노동시장 제도와 세계

● 누진세제에 대한 최근의 정책 방향에 대해서는 Saez & Zucman (2019)을 참조할 수 있다.

무역 질서를 개혁해야 한다"(Rodrick 2019)고 주장한 바 있다. 또한 기업 간의 분배 및 생산자-소비자의 분배를 악화시켜 온 시장 구조의 과점화 현상을 인식하면서도 관련 분석이 부족해서(채취산업의 독점을 다룬 것은 예외적) 시장 경쟁 구조에 대한 논의가 없는 점은 아쉬운 대목이다. 독점적 지위에 있는 기업의 지대 추구 행위가 불평등 확대의 주요 원인이라는 점은 좌우를 막론한 경제학계의 광범위한 스펙트럼에서 논의되고 있다(가령 Posner & Weyl 2019).

또한 재정정책과 통화정책이 소득 분배에 미치는 중대한 영향을 분석하면서도 대안 정책 논의가 부족한 것도 아쉽다. 특히 이 두 가지 정책은 IMF가 전 세계적으로 큰 목소리를 내고 있는 영역이다. 이 책의 추천사를 쓴 스티글리츠는 그 점을 눈치채고 "총수요 관리와 완전고용 달성을 향한 거시경제정책과 구조 정책"의 필요성을 강조했다. 특히 그는 '구조 정책'•과 관련해서는 "노동자의 교섭력을 높이고, 기업지배구조를 개선하고, 시장 지배력을 억제하는 구조 정책"이라고 명시함으로써 이 책의 정책 메시지를 보완하고 있다.

더 근본적인 문제도 남아 있다. 불평등 축소의 사회정치적 당위성과 경제적 효과에 대해 광범위한 동의가 있고 관련 논의도 무수히 많지만, 실제 정책 변화는 실망스러울 정도로 느리다. 『IMF, 불평등에 맞서다』의 행간에서도 이런 실망감이 드러난다. 이 때문에 최근에는

• '구조 정책'은 structural policy를 일컫는 것으로 시장 및 기업의 구조를 개선하기 위한 정부의 개입정책을 말한다. 규제완화 및 자유화가 핵심이고 4장의 분석 대상인 '구조 개혁structural reform'과는 다른 것이다. 용어상 혼선을 피하기 위해 밝혀 둔다.

논쟁이 '불평등의 정치경제학'으로 옮겨 가고 있다. 스티글리츠가 일찌감치 주목했던 국가 또는 정부정책의 '포획' 현상과 관련되어 있는 것으로, 불평등의 확대를 통해 형성된 경제적 정치적 자원을 활용하여 기득권층이 정책 개혁을 은밀하지만 효과적으로 저지한다는 것이다(Stiglitz 2012). 브랑코 밀라노비치는 이런 경향이 일종의 금권정치plutocratic 자본주의를 초래하여 시장 경제의 정치적 경제적 근저를 위협한다고 우려한다(Milanovic 2019). 이런 현상의 근저에는 현대 기업의 독과점적이고 '약탈적인' 조직 형태가 있다고 믿는 하버드 대학 철학 교수인 로베르트 웅거Roberto Unger는 대안적 기업 조직, 특히 협동조합 형태를 적극적으로 추진해야 한다고 주장하기도 한다.

또한 '불평등의 정치경제학'은 신흥 엘리트의 문제와 맞닿아 있다. 불평등 축소에 관한 국제적 논의는 무성하지만 국내 정책으로 연결되지 않는 이유를, '번잡한' 국내 정치를 포기하고 '화려하고 부담 없는' 국제 무대로 자리를 옮긴 세계 엘리트global elites에서 찾기도 한다(Giridharadas 2018). 다보스 포럼과 같은 국제 행사의 점증하는 영향력이 대표적인 예다. 그 결과, 공간space과 지역local은 부차적인 정책 대상이 되면서, 지역 간 불균형 및 지역 사회의 퇴조 현상이 나타나기도 했다(Rodrik 2019). 국제적으로 번성하는 대도시와 세계화로 고통받는 지역 간의 격차는 커지고, 이것이 최근 포퓰리스트적인 정치를 양산하는 데 기여했다는 분석도 늘고 있다(Collier 2018; Rajan 2019).

요컨대, 인간들 간의 격차가 늘어나는 불평등의 시대에는 당위와 행동의 격차도 크다. 불평등 확대가 경제, 사회, 정치에 미치는 영향을 고려한다면 정책적 대응은 더는 늦출 수 없지만, 우리의 대응은 미미하고 느리다. 『IMF, 불평등에 맞서다』가 제안하는 '포용적 성장' 은 현재로서는 쉽지 않은 길이다. 대담한 상상력과 새로운 정치가 필요하다. 하지만 더 머뭇거리면 낡았지만 친숙한 것들이 다시 귀환할 것이다. 저자들이 비판한 '컨센서스'는 아직 건재하다. 끊임없는 분석과 비판 그리고 끈기 있는 대안정책 논의가 필요하다. 『IMF, 불평등에 맞서다』는 새로운 경제 모델을 찾아가는 이러한 지난한 과정에 좋은 나침반을 제시한다.

참고문헌

Aiyar, S. & Ebeke, C. 2019, "Inequality of opportunity, inequality of income and economic growth", *IMF Working Paper* No. 19/34

Cherif, R. & Hasanov, F. 2019, "The Return of the Policy That Shall Not Be Named: Principles of Industrial Policy", *IMF Working Paper* No. 19/74

Collier, P. 2018, *The Future of Capitalism*, London: Allen Lane

Giridharadas, A. 2018, *Winners Take All: The Elite Charade of Changing the World*, New York: Knopf(국역: 『엘리트 독식 사회』, 2019)

Hirschman, A. 1991, *The Rhetoric of Reaction: Perversity, Futility, Jeopardy*, Cambridge, Mass.: Harvard University Press(국역: 『보수는 어떻게 지배하는가』, 2010)

ILO 2013, *Global Wage Report 2012/2013: Wages and equitable growth*, Geneva: ILO

ILO, IMF, OECD and World Bank 2015, *Income inequality and labour income share in G20 countries: Trends, Impacts and Causes*, Report for G20 (September 2015), Ankara Turkey

IMF 2007, "The globalization of labor" in *World Economic Outlook* (April 2007), Washington DC: IMF

Lavoie, M. & Stockhammer E. eds. 2013, *Wage-Led Growth: An equitable strategy for economic recovery*, London: Palgrave and ILO.

Milanovic, B. 2019, *Capitalism, Alone: The Future of the System That Rules the World*, Cambridge, Mass.: Harvard University Press

OECD 2015. *In it Together: Why less inequality benefits all*, Paris: OECD

Ostry, J., Loungani, P. & Furceri, D. 2016, "Neoliberalism: Oversold?", *Finance &*

Development (June 2016), pp. 38-41

Posner, E & Weyl, G. 2019, *Radical Markets: Uprooting Capitalism and Democracy for A Just Society*, Princeton: Princeton University Press(국역: 『레디컬 마켓』, 2019)

Rajan, R. 2019, *The Third Pillar: How Markets and the State Leave the Community Behind*, Penguin Random House

Rodrik, D. 2019, "Tackling inequality from the middle" (10 Dec 2019), Project Syndicate

Rodrik, D. 2006, "Goodbye Washington Consensus, Hello Washington Confusion?", *Journal of Economic Literature* vol. XLIV, pp. 973-987

Saez, E. & Zucman, G. 2019, *The Triumph of Injustice: How the Rich Dodge Taxes and How to Make Them Pay*, New York: W.W. Norton & Company

Stiglitz, J. 2012, *The Price of Inequality: How today's divided society endangers our future*, New York: W.W. Norton & Company(국역: 『불평등의 대가』, 2013)

Unger, Roberto. 2019, *The Knowledge Economy*, London: Verso

Williamson, J. (ed) 1990, *Latin American Adjustment: How Much Has Happened?* Washington, DC: Institute for International Economics.

이 책에 사용된 데이터 대부분은 두 개의 범주로 나누어진다. 하나는 불평등의 측정이고, 다른 하나는 경제정책의 측정이다.

불평등의 측정

지니계수 또는 지니지수는 한 경제 내의 개인과 가계들 사이의 소득분배가 완벽하게 평등한 분배 수준으로부터 어느 정도 벗어났는지를 측정한다. 우리는 지니계수를 시장소득과 순소득 모두에 대해 계산하고, 시장소득 지니계수와 순소득 지니계수 간의 차이를 재분배의 척도로 사용한다. 지니계수에 대한 데이터는 모두 표준세계소득불평등 데이터베이스swIID에서 참조했다. SWIID는 가능한 한 소득 불평등 데이터의 비교 가능성을 극대화하고 시간과 국가들에 걸쳐 그 범위를 확대하고자 한다. SWIID는 유엔대학United Nations University의 세계개발경제학연구소UNU-WIDER가 구축한 세계소득불평등 데이터베이스WIID, OECD 소득 분배 데이터베이스IDD와 기타 복수의 출처로부터 불평등에 관한 데이터를 가져왔다.

고소득자 분배율은 WIID에서 취했다. 노동소득 분배율-국민소득에 대한 노동소득의 비율-은 펜 월드테이블Penn World Tables에서 가져왔다.

경제정책의 측정

이 데이터는 특히 Ostry, Berg, and Kothari(2018)을 포함한 다양한 출처로부터 가져왔다.

데이터베이스의 목록은 아래와 같다.

- Barro and Lee educational attainment dataset
- Chinn and Ito(2006)
- Lane and Milesi-Ferretti(2007)
- OECD statistics
- 펜 월드테이블Penn World Tables 7.1 그리고 9.0
- Polity IV(2011)
- Quinn(1997)
- 표준세계소득불평등 데이터베이스Standardized World Income Inequality Database, SWIID(Solt 2009)

유엔 대학의 세계개발경제학연구소가 구축한 세계소득불평등 데
이터베이스World Income Inequality Database, WIID
　세계은행의 세계개발지수World Development Indicators, WDI
　세계자산소득 데이터베이스World Wealth and Income Database, WID

지표	내용	데이터 출처	나오는 곳
부양인구 비율	부양인구―15세 미만 또는 64세 초과―의 생산가능인구(15세부터 64세까지의) 대비 비율. 데이터는 100명의 생산가능인구당 부양인구의 비율로 제시된다.	WDI	2장
전제정치	정치 참여의 경쟁력, 참여에 대한 규제, 지도자 선출의 개방성과 경쟁력, 지도자에 대한 제약의 복합 지수	Polity IV	3장
평균 교육 연수	초등교육과 중등교육의 평균 연수	Barro and Lee (버전 1.2)	4장, 9장
자본계정 자유화	서로 다른 여러 나라들에서 얼마나 많은 제약이 실행되어 왔는지, 이러한 제약들은 몇 년 사이 얼마나 완화되거나 강화되었는지를 합산한 측정치. 182개국에 대한 지수가 이용 가능하며, 전부는 아니더라도 이들 중 많은 나라에서 이 지수의 값은 −2(더 많은 제약을 가진 자본계정)에서 2.5(제약이 적은) 사이에 있다.	Chinn and Ito(2006)	2장, 4장, 5장
자본계정 개혁	자본을 그 나라 안과 밖으로 움직일 수 있는 거주자와 비거주자의 능력에 대한 법적 제약의 강도를 측정하는 지수. 이 지수는 0(완전히 억압적인)부터 100(완전한 자유화)까지의 값을 갖는다.	Quinn(1997)과 Quinn and Toyoda (2008)의 방법론에 기반하여 IMF의 환율제도보고서AREAER에 수록된 정보를 활용	4장, 5장

지표	내용	데이터 출처	나오는 곳
집권당의 성향	좌파, 중도, 우파 정부에 대한 이산변수. 정치제도 데이터베이스에서 가져온 이 변수는 좌파 정부이면 0, 중도 정부이면 1, 우파 정부이면 2의 값을 갖는 것으로 가정한다.	세계은행 정치제도Political Institutions 데이터베이스	2장
단체교섭 지수	지수의 값이 높을수록 덜 집중된 교섭제도(즉, 보다 자유화된 노동시장)를 갖는 것으로 가정	세계경제포럼, 글로벌 경쟁력 보고서	4장
외환, 부채, 금융위기	국가별 금융위기의 시작년도와 끝나는 연도를 알려주는 데이터베이스. 기준을 더 자세히 알고 싶다면 Laeven and Valencia(2010) 참조	Laeven and Valencia (2010)	5장
경상계정 개혁	국제 경상 거래에 있어서 지불과 지급에 제한이 없게 회원국들이 외환 시스템을 유지하도록 요구하는 IMF의 협정 8조(Article VIII)에 따른 책임을 잘 이행하고 있는지와 관련된 지수	Quinn(1997)과 Quinn and Toyoda(2008)의 방법론에 기반하여 IMF의 환율제도보고서에 수록된 정보를 활용	4장, 5장
가계가 수취한 현금이전(GDP 대비 비중)	가계가 정부로부터 받은 모든 현금 지급액 합의 GDP 대비 비중	OECD 국민계정 데이터베이스(2012)	9장
GDP 대비 채무	Lane and Milesi-Ferretti(2007) 참조	1970~2010년을 포괄하는 Lane and Milesi-Ferretti(2007) 데이터셋의 업데이트 및 확장 버전	7장
국내 금융 자유화	민간 소유 은행에 예치된 은행 예금 비중에 기반한 신용시장 자유도 지수(은행의 소유권)	프레이저 연구소의 EFW 데이터베이스	2장

지표	내용	데이터 출처	나오는 곳
국내 금융 자유화(하부지수 subindices 증권시장과 은행 포함)	로컬 증권시장(채권과 주식equities)의 발전에 대한 제약뿐만 아니라 은행 시스템(이자율과 신용 통제, 경쟁 제한, 공적 오너십의 규모)의 통제와 경쟁의 정도를 보여 준다.	Abiad et al(2008), 다양한 IMF 보고서와 워킹페이퍼, 중앙은행 웹사이트 등을 기반으로 Abiad and Mody (2005)의 방법론을 따랐다.	4장
EU KLEMS	ISIC Rev.4 산업 분류에 따른 34개 산업과 8개 집계변수에 대한 기초적인 산출, 투입, 생산성 데이터	www.euklems. net	5장
환율 경쟁력	1인당 소득에 대해 조정한 후, 구매력평가지수로부터 벗어난 정도로 측정(즉 구매력평가PPP 기준 GDP의 물가수준에 대한 횡단면 회귀분석의 잔차)	Berg and Ostry (2017)	3장
대외 부채	해외 채권자로부터의 채무	Lane and Milesi-Ferretti(2007)이 구축한 데이터셋의 확장 버전	3장
대외 금융의존도	각 산업에 대해 주어진 산업에 속한 모든 기업들의 {(총자본지출-현재의 현금흐름)/총자본지출} 비율의 중앙값으로 구함	Rajan and Zingales(1998)	5장
외국인 직접투자	해외 투자자가 특정 국가에 투자한 금액	Lane and Milesi-Ferretti(2007)이 구축한 데이터셋의 확장 버전	3장
출생률	여성이 임신 기간의 끝까지 생존하여 아이를 낳았을 경우 여성에게서 태어난 어린이들의 수를 나타낸다.	세계은행 WDI	2장

지표	내용	데이터 출처	나오는 곳
금융 심화	GDP 대비 신용 비율	Demirguc-Kunt 등(2015)이 개발한 글로벌금융포용The Global Financial Inclusion 데이터베이스	5장
재정 건전화 사례	저자들의 재정 건전화 측정은 해설적 접근법에 기반해 있으며, 예산 적자를 줄이려는 의도를 가진 정부들이 행한 정책 행위들-세금 인상 그리고/또는 지출 삭감-에 초점을 맞춘다.	DeVries et al. (2011)의 새로운 행동 기반 재정 건전화 데이터셋 A New Action-Based Dataset of Fiscal Consolidation	6장
재정정책 충격	이 데이터베이스는 17개 OECD 국가(호주, 오스트리아, 벨기에, 캐나다, 덴마크, 핀란드, 프랑스, 독일, 아일랜드, 이탈리아, 일본, 네덜란드, 포르투갈, 스페인, 스웨덴, 영국, 미국)의 173개 재정 건전화 사례에 대한 정보를 포함한다. 재정 건전화 사례의 규모는 GDP의 0.1퍼센트에서 5퍼센트 사이의 값을 가지며, 평균은 GDP의 약 1퍼센트이다.	DeVries et al.(2011)	6장
GDP	국내총생산	Penn World Tables, 버전 7.1	7장
1인당 GDP	2011년 불변가격(미국 달러)에 기반한 인당 실질 GDP	Penn World Tables 버전 9.0과 7.1	1장, 3장, 4장, 7장
1인당 GDP (소득 10분위별)	소득 10분위(1~10)별 1인당 GDP. 가장 가난한 사람들은 1분위이고, 가장 부유한 사람들은 10분위	미국 경제분석국, NIPA Table 7.1	1장

지표	내용	데이티 출처	나오는 곳
순소득 지니계수와 시장소득 지니계수	지니계수는 한 경제 내에서 개인이나 가계들 사이의 소득 분배가 완벽하게 평등한 분배 상태로부터 벗어난 정도를 측정한다. 이때 시장소득 지니계수는 이전지출과 세금 이전의 측정값이고 순소득 지니계수는 이전지출과 세금 이후의 측정값이다.	UNU-WIDER, WIID3c(2015년 9월), Solt(2009)	2장, 3장, 4장, 6장, 7장
정부 크기	GDP 비중으로 나타낸 정부 지출 규모	세계은행 WDI	2장, 4장
성장기	상향 단절과 하향 단절 사이의 성장의 시기	Berg and Ostry(2017)	3장
소득 분배율	소득 분배의 상위 또는 하위의 일정 퍼센트가 가져가는 소득의 양	WIID	1장
인플레이션	한 나라에서의 재화와 서비스의 일반 물가수준의 상승으로, 연간 퍼센트 변화로 측정된다.	Consensus Forecasts	7장
이자율	단기 예금이자율	IMF World Economic Outlook	7장
투자	환율에 대한 투자의 구매력 평가	Penn World Tables, 버전 7.1	4장, 7장
노동소득 분배율	모든 소득 중의 비율로 노동(자본이 아니라)에 귀속되는 소득의 수준	Penn World Tables, 버전 9.0	2장, 5장, 6장, 7장, 8장
법질서	이 지수는 사법체계의 공정성과 법이 보편적으로 잘 준수되는지를 평가한다.	Political Risk Service Group, International Country Risk Guide Data	4장
무역 자유화	무역이 자유화되어 있을 때 값이 1이 되고 그렇지 않을 때 0이 되는 Wacziarg and Welch(2007)의 이분변수를 따라 측정	Wacziarg and Welch(2007)	3장

지표	내용	데이터 출처	나오는 곳
사망률	5세 이하 사망률은 특정 연도 특정 연령의 사망률에 맞추어 신생아가 5살이 되기 전에 사망할 확률을 의미한다.	세계은행 WDI	2장
10분위별 순소득	세금과 이전지출 이후의 소득	UNU-WIDER WIID3c, 2015년 9월	2장
네트워크 산업 개혁	전기통신 분야의 경쟁의 정도와 규제의 질을 측정한다.	Ostry, Berg and Kothari(2018)	4장
정치제도 (polity2)	Polity IV 프로젝트 정치 권력의 특징과 이행. 1800-2012년 사이 인구 50만 명 이상의 모든 독립 국가에서의 민주적 또는 독재안 '정치 권력의 패턴'과 변화를 코딩한 연간. 국가 간 비교, 시계열 및 정치체제 사례 포맷	Polity IV(2011)	3장
인구밀도	토지 평방킬로미터당 연중半中 인구	세계은행 WDI	2장
인구 증가	t년의 연간 인구증가율은 t−1년에서 t년까지의 연중 인구 지수증가율로, 퍼센트로 표현된다.	세계은행 WDI	2장
재분배	시장소득 지니계수와 순소득 지니계수의 차이	Solt(2009)	2장
규제 개혁	신용, 생산, 노동시장 규제의 복합 측정치의 연간 변화가 모든 관측치의 연평균 변화를 2표준편차만큼 초과하는 곳의 사례. 지수의 값이 더 높을수록 보다 개방적이고 경쟁적인 시장을 의미한다.	프레이저 연구소의 EFW 데이터베이스	5장
임금소득 (GDP 대비 비중)	전체 GDP 중 총 임금소득의 비중	OECD	6장
사회적 지출 (GDP 대비 비중)	사회적 지출은 현금 급여, 재화와 서비스의 현물 제공, 사회적 목적에 따른 감세 조치 등으로 이루어진다. 정책 프로그램들이 '사회적'인 것으로 고려되려면 가계 간의 자원의 재분배 또는 강제적 참여를 포함해야 한다.	OECD 국민계정 데이터베이스(2012)	9장

지표	내용	데이터 출처	나오는 곳
일반 정부가 지불하는 사회보장 지출(GDP 대비 비중)	정부가 사회적 목적으로 제공하는 현금 및 현물 공여의 총합을 GDP 대비 비중으로 측정	Berg and Ostry (2017)	9장
보조금 (GDP 대비 비중)	GDP 대비 비중으로 측정한 정부 보조금 총액	OECD 국민계정 데이터베이스(2012)	3장
보조금과 기타 이전지출(지출 대비 비중)	보조금, 지원금grants, 기타 사회보장성 지출은 민간과 공공기관에 대한 경상계정상의 모든 무상환 이전지출을 포함한다.	세계은행 WDI(2013)	9장
관세 장벽	0과 1 사이의 값을 갖도록 정규화된 (최혜국 관세를 기반으로 한) 가중평균 관세율. 이 지수의 값이 높을수록 더 낮은 관세 수준(더 많은 개방성)을 의미한다.	Quinn(1997). 이 지수는 IMF의 AREAER로부터의 정보에서 도출된다.	4장
조세수입 (GDP 대비 비중)	조세수입은 공공의 목적을 위한 중앙정부로의 강제적 이전을 가리킨다. 벌금, 과징금과 대부분의 사회보장 기여금 등의 강제적 이전은 포함되지 않는다. 실수로 징수된 세금의 상환과 정정은 마이너스 소득으로 간주한다.	세계은행 WDI(2013)	9장
기술 진보	총자본스톡 중 정보통신 자본의 비율	OECD	2장, 5장
교역 조건	미국 달러로 표시한 재화의 교역 조건	IMF 세계 경제 전망	3장
고소득자 분배율	소득 상위 0.1퍼센트, 1퍼센트, 10퍼센트가 가져가는 소득의 비율	파쿤도 알바레도, 토니 앳킨슨, 토마 피케티, 엠마뉴엘 사에즈, 가브리엘 주크만이 구축한 WTID. 링크는 www.wid.world	5장, 7장

지표	내용	데이터 출처	나오는 곳
총 세수(GDP 대비 비중)	GDP 대비 비중으로 표현한 세수는 정부가 세금으로 징수한 한 나라의 생산량의 비중을 나타낸다. 이 지수는 정부가 경제의 자원을 어느 정도까지 통제할 수 있는지의 척도로 간주될 수도 있다.	OECD 국민계정 데이터베이스 (2012)	9장
무역 개방도	GDP에서 수출과 수입이 차지하는 비중	Penn World Tables, 버전 7.1	2장
실업률	경제활동인구 대비 실업 상태인 사람들의 비중	OECD Analytical 데이터베이스	6장
World KLEMS	생산, 투입, 생산성에 관한 데이터는 산업 수준에서 이용 가능하다.	www.world-klems.net	5장

기술적 작업에 대한 개관

이 책에서는 세 가지 주제에 관한 실증 분석이 제시되었다. (1)불평
등을 심화시키는 요인들, 특히 경제정책. (2)효율성과 형평성 간의 상
충관계. 이 관계는 또한 우리가 성장의 추동력이 무엇인지를 탐구해
보도록 요구한다. (3) 불평등과 성장, 재분배 간의 연계성(불평등의 측
정에서 총 측정치와 순 측정치 간의 차이). 우리의 실증적 작업의 대부분은
회귀분석을 통해 이루어지는데, 거기서 불평등이나 성장은 종속변수
로, 다양한 경제정책은 독립변수로 설정된다. (3)의 경우에 종속변수
는 성장이고 우리가 관심을 갖는 주요한 독립변수는 불평등과 재분
배이다. 각 장障의 내용에 따라 필요한 회귀분석이 다르기 때문에 정
확한 회귀분석의 형태는 장별로 다르다. 기술적 설명을 제시하는 이

부록에서는 먼저 각 장에서 이용된 주된 실증 방법들을 요약하고, 그런 다음 이 책에 제시된 그림들의 근거가 되는 특정 회귀식들과 분석 결과들을 자세하게 살펴볼 것이다.

2장에서는 불평등을 심화시키는 강건한 요인들robust drivers이 무엇인지 찾고자 했으며, 이를 위해 이용된 실증적 분석틀은 다음과 같다.

$$I_{i,t:t+5} = \alpha_i + \gamma_t + bX_{i,t:t+5} + \varepsilon_{i,t:t+5}$$

이 수식에서 I는 $[t, t+5]$ 기간 동안의 불평등을 나타내는데, 시장(순)소득의 불평등을 보여 주는 지니계수로 측정되었다. α_i와 γ_t는 각각 국가와 시간의 고정효과를 나타낸다. X는 추동요인들 또는 결정요인들의 집합이다. 이 방정식은 가중평균최소자승법weighted-average least squares을 이용하여 추정되었다. 이 방법은 종속변수의 행태를 설명하는 진정으로 중요한 결정요인이 무엇인지를 분석할 때 사용되는 표준적인 방법이다.

3장에서는 이 책의 핵심 결론, 즉 불평등은 성장기를 종결시킬 가능성을 높인다는 내용을 정립하였다. 따라서 우리는 성장의 구조적 단절structural breaks을 식별할 수 있는 통계적 방법을 이용하여 성장기를 측정하는 다양한 기술적 작업들을 수행하였다. 또한 우리는 위험률hazard rate, 즉 성장기가 종결될 확률이 불평등과 같은 요인들의 영향을 어느 정도 받는지를 모형으로 구축하는 기술적 작업도 수행하였다. 9장에서도 이와 유사한 방법을 이용하였는데, 그 장의 내용 중 일부가 성장기의 지속 기간을 결정하는 요인들, 특히 재분배가 그러한 요인인지에 관한 것이기 때문이다. 또한 9장에서는 (성장기의 지속 기간이 아닌) 성장을 종속변수로 하고 불평등과 재분배를 독립변수에 포함시킨 회귀분석을 실시하였다.

4장에서는 (3장에서 정립한, 불평등이 성장에 미치는 영향을 염두에 두면서) 다양한 구조 개혁이 불평등과 성장에 어떤 영향을 미치는지를 분석하였다. 구조 개혁과 불평등이 성장에 미치는 직접적인 효과를 추정하기 위해 우리는 다음과 같은 표준적인 동태적 (수렴)성장회귀식 dynamic (convergence) growth regressions을 이용하였다.

$$\frac{y_{i,t} - y_{i,t-4}}{5} = \beta_1 \, y_{i,t-4} + \gamma_1 \, \overline{SR}_{i,t}^{\,j} + \gamma_2 \, \overline{Ineq}_{i,t} + \alpha_1 \bar{X}_{i,t} + \mu_i + \mu_t + \epsilon_{i,t}$$

이 수식에서 $y_{i,t}$는 t기에 i국가의 1인당 GDP의 로그값이며, $\overline{SR}_{i,t}^{\,j}$는 $(t{-}4)$기와 t기 사이의 구조 개혁 지표의 평균을 나타낸다. $\overline{Ineq}_{i,t}$는 $(t{-}4)$기와 t기 사이의 불평등 지표의 평균이며, $\bar{X}_{i,t}$는 그 외 다른 통제변수들의 $(t{-}4)$기와 t기 사이의 평균을 나타낸다. 그리고 구조 개혁이 불평등에 미치는 효과를 측정하기 위해 이와 유사한 불평등 수렴 회귀분석도 수행하였다.

$$\frac{Gini_{i,t} - Gini_{i,t-4}}{5} = \beta_2 \, Gini_{i,t-4} + \gamma_3 \, \overline{SR}_{i,t}^{\,j} + \alpha_2 \bar{X}_{i,t} + \mu_i + \mu_t + \epsilon_{i,t}$$

이 식에서 $Gini_{i,t}$는 t기에 i국가의 시장소득 불평등을 나타내는 지니계수이며, $\overline{SR}_{i,t}^{\,j}$는 $(t{-}4)$기와 t기 사이의 구조 개혁 지표의 평균을 나타낸다. $\bar{X}_{i,t}$는 그 외 다른 통제변수들의 $(t-4)$기와 t기 사이의 평균을 나타낸다.

5장과 6장, 7장에서는 자본계정 자유화 정책, 재정 건전화 정책, 통화정책과 같은 특정 정책들이 각각 불평등과 생산에 어떤 영향을 미쳤는지를 자세하게 분석하였다. 5장에서는 자기회귀시차분포모형 autoregressive distributed lag model을 이용하여 자본계정 자유화 정책이 불평등에 미친 동태적 영향을 측정하였으며, 그 회귀식은 다음과 같다.

$$g_{it} = a_i + \gamma_t + \sum_{k=1}^{l} \beta_k g_{i,t-k} + \sum_{j=0}^{l} \delta_k D_{i,t-k} + \sum_{k=1}^{l} \vartheta_k X_{i,t-k} + \varepsilon_{it}$$

이 식에서 종속변수인 g_{it}는 생산(또는 지니계수)의 로그값의 연간 변화율이고, D는 자본계정 자유화를 나타내는 지수이다. a_i와 γ_t는 각각 국가와 시간의 고정효과 집합을 나타낸다. 또한 5장에서는 충격반응함수impulse-response function를 이용하여 자본계정 자유화에 대한 생산과 불평등의 반응을 분석하였다. 이 반응함수의 형태는 δ와 β값에 따라 결정된다. 예를 들어 동시적인 반응 값은 δ_0이며, 1년 전부터의 누적적인 반응 값은 $\delta_0 + (\delta_1 + \beta_0 \delta_0)$이다.

6장과 7장에서는 국소투영법local projection method을 이용하여 재정 건전화 정책이 불평등과 성장에 미친 영향을 측정하였으며, 그 식은 다음과 같다.

$$g_{it} = \alpha_i^k + \vartheta_t^k + \beta^k MP_{i,t} + \pi^k X_{i,t} + \varepsilon_{i,t}^k$$

이 식에서 종속변수인 g_{it}는 생산의 로그값의 연간 변화율이거나 또는 불평등 측정치의 변화율이다. $MP_{i,t}$는 재정 건전화 조치(6장)나 외생적 통화정책 충격(7장)이다. α_i와 ϑ_t는 각각 국가와 시간의 고정 효과 집합을 나타낸다. 이 방정식은 미래의 각 시점 k에 대해 추정되며, 충격반응함수와 신뢰구간은 추정계수인 β^k와 그 표준오차를 이용하여 계산된다.

8장에서는 규범을 벗어나서 계량경제학적 추정이 아닌 이론모형에 근거하였다.

이 책의 본문에 제시된 그림들에서 보이는 결과들은 계량경제학적 작업을 통해 도출된 것인데, 부록의 나머지 부분에서는 이 그림들이 도출된 세부적인 과정들에 대해 설명할 것이다.

그림들에 대한 설명

그림 2.8
불평등에 영향을 주는 강건한 결정요인들robust determinants을 찾기 위해 다음과 같은 회귀식을 이용하였다.

$$I_{i,t:t+5} = \alpha_i + \gamma_t + bX_{i,t:t+5} + \varepsilon_{i,t:t+5} \tag{T1}$$

이 수식에서 I는 [t, t+5] 기간 동안의 불평등을 나타내는데, 시장 (순)소득의 불평등을 보여 주는 지니계수로 측정되었다. α_i와 γ_t는 각각 국가와 시간의 고정효과를 나타낸다. X는 결정요인들의 집합이며, 아래의 요인들을 포함하고 있다.

▶ 구조적 요인: 사망률; GDP에서 제조업의 비중

▶ 트렌드: 무역개방도(GDP에서 수출입의 비중); 기술진보(총자본스톡에서 ICT 자본의 비중)

▶ 정책: 정부 규모(GDP에서 정부 지출의 비중); 자본계정 자유화(Chinn-Ito 지수); 국내 금융 개방도(Ostry, Prati, and Spilimbergo 2009 개혁 지수)

▶ 기타: 집권당의 성향(좌파, 중도, 우파 정부에 대해 이산변수), 외환위기, 부채위기 및 금융위기

우리는 90개 국가의 1980~2013년 기간 동안의 불균형 자료unbalanced sample에서 서로 겹치지 않는 5년 간격의 패널을 구축하고 가중평균최소자승법을 이용하여 수식 (T1)을 추정하였다. 이 추정은 종속변수와 국가 및 시간 고정효과에 의한 모든 결정요인들을 first de-meaning한 이후에 이루어졌다.

…

그림 3.1, 3.2, 3.3
우리는 구조적 단절의 총 발생 횟수와 발생 시점이 알려져 있지 않

을 때 시계열상에서 다수의 구조적 단절을 검정하기 위해 Bai and Perron(1998; 2003)이 제안한 방법의 변형식을 이용하였다. 우리의 접근법이 Bai-Perron 접근법과 다른 점은 다음과 같다. 우리는 이 분산성heteroskedasticity과 작은 표본 규모를 고려하여 점근적 임계값 asymptotic critical values이 아닌 표본에 고유한 임계값sample-specific critical values을 사용하였다. 그리고 Bai-Perron의 알고리듬을 구조적 단절의 순차적 검정sequential testing에 확대 적용하였다. 그 절차를 더 자세하게 설명하면 다음과 같다.

먼저 구조적 단절이 발생하는 최소 기간 h를 정해야 한다. 표본크기 T가 주어지면, 최소 기간인 h가 각각의 국가에 대해 구조적 단절의 최대 발생 횟수 m을 결정하게 된다: $m = int(T / h) - 1$. 예를 들어 T=50이고 h=8이면 $m = int(6.25) - 1 = 5$이다. Bai와 Perron의 용어로 표현하면, h/T 비율은 "trimming factor"이다. 관측치 개수 T가 35개에서 55개이므로 우리가 선택한 h값은 10퍼센트에서 20퍼센트 사이에 있는 trimming factor를 의미한다.

구조적 단절이 발생하는 기간을 길게 잡으면 h 기간보다 짧은 실제 구조적 단절들이 누락될 수 있다. 반면에 그 기간을 짧게 잡으면 구조적 단절 검정들 중 일부는 불과 $2h+1$개의 관측치만을 포함하는 부표본subsamples에 대해 이루어질 수도 있다. 이런 경우에는 검정에 이용된 표본규모를 신뢰할 수 없게 된다. 따라서 부표본에 대해 검정이 이루어진 경우 구조적 단절이 발생하지 않았다라는 귀무가설을 기각하는 검정력power이 약해질 수 있다. 게다가 더 짧은 빈도로 발생하는 구조적 단절은 상이한 결정요인들, 특히 우리의 관심 대상에서는 다소 거리가 있는 순환적 요인들의 영향을 받을 수 있다. 이런 점들을 적절히 고려하여 우리는 h를 8 또는 5로 정하였다.

다음으로 순차적 검정 알고리듬을 이용하여 GDP 성장률 시계열에서 최대 m번의 구조적 단절이 존재했는지를 검정하였다. 제1단계는 한번 또는 그 이상(미리 설정된 최대값 m까지)의 구조적 단절이 있었다는 대립가설에 대해 구조적 단절이 없었다는 귀무가설을 검정하는 것이다. 잠재적인 구조적 단절의 발생 시점은 구조적 단절 전후의 실제 데이터와 평균성장률 간 잔차의 제곱의 합을 최소화하여 구한다. 임계값은 실제 시계열의 특성(즉, 표본규모와 분산)을 고려한 부트스트랩 잔차bootstrapped residuals를 이용하여 몬테카를로 시뮬레이션을 함으로써 구한다.

구조적 단절이 없었다는 귀무가설이 기각되면 다음 단계로 정확히 한 번의 구조적 단절이 있었다는 귀무가설을 검토하는데, 그 발생 시점은 최적으로 선택된다. 이것은 (구조적 단절들 간 기간이 주어졌을 때 부표본의 기간이 허용하는 구조적 단절의 최대 발생 횟수까지) 가정된 구조적 단절의 오른쪽과 왼쪽에 있는 부표본들에 대해 앞에서와 동일한 방법, 즉 한번 또는 그 이상의 구조적 단절이 있었다는 대립가설에 대해 구조적 단절이 없었다는 귀무가설을 검정한 것과 동일한 방법으로 검정한다. 만약 부표본들에 대한 검정들 중 하나라도 기각된다면 그 다음에는 최적으로 선택된 두 번의 구조적 단절의 오른쪽과 왼쪽 그리고 그 사이에 있는 세 개의 부표본들에 대해 앞에서와 동일한 방법으로 두 번의 구조적 단절이 있었다는 귀무가설을 검정한다. 이와 같은 절차는 *l*번보다 많은 구조적 단절이 있었다는 대립가설에 대해 *l*번의 구조적 단절이 있었다는 귀무가설이 더 이상 기각되지 않을 때 까지 진행된다.

성장기 측정

성장기는 성장의 상향 단절 이후의 기간으로 간주할 수 있다. 즉, 성장기는 이전보다 더 높은 성장이 이루어지는 기간이며, 성장의 하향 단절과 함께 끝나거나 표본 기간이 종결되면서 끝난다. 그런데 때로는 (매우 높은 성장 기간 이후에) 비록 그보다는 조금 낮지만 높은 수준의 성장이 지속되는 경우가 있다. 우리는 이런 상황을 두고 성장기가 종결되었다고 말하고 싶지 않을 것이다. 이와 반대로 때로는, 급격한 마이너스 성장 기간 이후에 그보다 완만한 마이너스 성장 (또는 소폭의 양의 성장)이 지속되는 기간도 있다. 이런 상황을 두고 성장기라고 말하고 싶지 않을 것이다. 요컨대 우리의 목표가 바람직한desirable 성장기의 결정요인을 이해하는 데 있다면 앞 절에서 논의된 통계적 기준은 경제적 기준으로 보완될 필요가 있다. 따라서 우리는 성장기를 다음의 기간으로 정의한다.

▶ 평균성장률이 최소 *g*퍼센트인 기간이 뒤따라오는 통계적 상향 단절의 시작시점부터

▶ 평균성장률이 g 퍼센트보다 낮은 기간이 뒤따라오는 통계적 하향 단절과 함께 끝나는 기간(완전한 성장기), 또는 표본기간이 종결되면서 끝나는 기간(불완전한 성장기)

우리의 정의에서 성장은 1인당 소득의 증가이므로 2퍼센트 정도의 낮은 성장률이 합리적 기준이 될 수 있다. 우리는 $g=2$, $g=2.5$, $g=3$을 사용하여 유사한 결과를 얻었으며, $g=2$인 경우에 집중하고자 한다.

그림 3.1은 6개국에 대해 위에서 설명한 절차에 따른 성장의 패턴을 보여 주고 있으며, 표 3.1은 성장기의 특징에 관한 요약 통계량을 보여 준다. 그림 3.3은 불평등이 성장기의 지속 기간과 역의 관계에 있다는 것을 보여 준다.

그림 3.4

분석 시점을 t, 성장기의 지속 기간을 확률변수 T라고 하자. $t=1$은 성장기의 첫 연도이고, $t\langle 1$은 성장기가 시작되기 이전의 연도이다. $X(t)$는 성장기가 종결되는 확률에 영향을 줄 수 있는 확률변수의 벡터(이 또한 확률변수)이다; x_t는 t 시점에 $X(t)$의 실현realization이며, z는 성장기의 지속 기간에 영향을 줄 수 있는 시간에 따라 변하지 않는non-time-varying 변수들의 벡터이다. z는 성장기가 시작되기 이전 $X(t)$의 실현을 포함할 수 있으며(즉, x_t, $t\langle 1$), 또한 시간 차원을 갖지 않는 변수들(예컨대, 지리적 변수)이다. 우리는 T에 대한 $X(t)$와 z의 효과를 추정하고자 한다.

지속 기간은 통상 위험률—성장기가 다음 기에 종결될 조건부 확

률─을 모수화하고 최대우도maximum likelihood 추정식을 이용하여 관
련 모수들을 추정하는 방식으로 모형화된다. 시간에 따라 변하는 공
변량과 변하지 않는 공변량이 모두 있을 때 위험률은 다음과 같이 정
의될 수 있다(연속시간을 가정).

$$\lambda[t,X(t),z] = \lim_{h \to 0} \frac{P[t \leq T < t+h \mid T \geq t, X(t+h),z]}{h} = \frac{f(t \mid x_t, z)}{1 - F(t \mid x_t, z)}$$

(T2)

여기서 $F(t \mid x_t, z)$와 $f(t \mid x_t, z)$는 각각 t시점에 z와 X의 실현을
조건부로 하는 T의 누적분포함수와 밀도함수이다. 위 식(T2)을 추
정할 때 가장 일반적으로 사용되는 방법은 비례위험모형proportional
hazard model을 가정─사실상 "기저위험baseline hazard"이라 불리는 λ의
시간 의존성은 $[X(t), z]$에 대한 그 의존성과는 승법적으로 분리 가
능multiplicatively separable하다─하고, λ와 $[X(t), z]$의 관계가 로그 선형
관계이며 기저위험이 다음과 같은 특정한 함수 형태를 띤다고 가정
함으로써 그것을 모수화하는 것이다.

$$\lambda(t) = g[X(t),z]\lambda_0(t) = \exp\{\beta[X(t), z]\}\lambda_0(t)$$

(T3)

여기서 $\lambda_0(t)$는 모수들이 계수벡터 β와 함께 추정될 수 있는 특정
한 분포를 따른다고 가정된다. 우리는 기저 특정화baseline specification로
$\lambda_0(t)$가 Weibull 분포, 즉 $\lambda_0(t) = pt^{p-1}$를 따른다는 가정을 사용하였
다. 모수 추정값 p는 지속 기간의 의존성이 양($p > 1$)인지 음인지를

결정한다.

우리는 비조건부 위험률 또는 성장기가 그 시점까지 이미 지속되었다는 사실만을 조건부로 하면서 일정 기간이 지난 이후에 성장기가 종결될 확률을 특징화함으로써 시작하였다. 그런 다음 이전의 변수들 중 일부를 통제변수로 사용하고 외부 충격의 역할, 사회적 갈등(소득 분배와 인종적 이질성)과 관련되는 제도와 변수들의 역할, 그 외 다양한 정책적 지표들의 역할을 검토하였다. 분석 결과는 표 T1부터 T4에 제시되어 있다.

표 T1. 지속 기간 회귀분석(제도)

모델	변수	최소 8년의 성장기		최소 5년의 성장기	
		시간 비율	p 값	시간 비율	p 값
1	Polity 2 (Polity IV 데이터베이스) 초기 수준	*1.12*	*0.10*	*1.10*	*0.01*
	성장기 내에서의 변화	*1.11*	*0.07*	*1.10*	*0.02*
	성장기/실패	46/17		66/35	
2	Polity 2 (Polity IV 데이터베이스)	*1.12*	*0.04*	*1.12*	*0.00*
	성장기/실패	51/17		72/37	
3	민주주의 (Polity IV 데이터베이스)	*1.17*	*0.11*	*1.22*	*0.00*
	성장기/실패	51/17		72/37	
4	전제정치 (Polity IV 데이터베이스)	*0.77*	*0.01*	*0.80*	*0.00*
	성장기/실패	51/17		72/37	
5	지도자 선출 (Polity IV 데이터베이스)	*1.42*	*0.02*	*1.35*	*0.00*
	성장기/실패	*51/17*		*72/37*	
6	지도자에 대한 제약 (Polity IV 데이터베이스)	*1.35*	*0.07*	*1.42*	*0.00*
	성장기/실패	51/17		72/37	
7	정치적 경쟁 (Polity IV 데이터베이스)	*1.26*	*0.05*	*1.23*	*0.00*
	성장기/실패	51/17		72/37	
8	투자 프로파일 (ICRG)	*1.64*	*0.29*	*1.36*	*0.08*
	성장기/실패	34/4		46/16	

표 T2. 지속 기간 회귀분석(불평등과 분할)

모델	변수	최소 8년의 성장기		최소 5년의 성장기	
		시간 비율	p 값	시간 비율	p 값
1	불평등(지니계수) 초기 수준	*0.87*	*0.02*	*0.85*	*0.00*
	성장기 내에서의 변화	1.08	0.31	0.94	0.28
	성장기/실패	22/6		32/14	
2	불평등(지니계수)	*0.89*	*0.03*	*0.89*	*0.00*
	성장기/실패	31/11		45/21	
3	민족적 분할 (Alesina, Spolaore and Wacziarg 2005)	0.99	0.41	0.99	0.40
	성장기/실패	56/19		86/45	
4	민족적 분할 (Alesina, Spolaore and Wacziarg 2005)	*0.96*	*0.02*	*0.98*	*0.10*
	불평등(지니계수)	*0.91*	*0.03*	*0.89*	*0.00*
	성장기/실패	31/11		45/21	

표 T3. 지속 기간 회귀분석(세계화)

모델	변수	최소 8년의 성장기		최소 5년의 성장기	
		시간 비율	p 값	시간 비율	p 값
1	무역 자유화 (와치아그와 웰치 더미 변수)				
	초기 수준	2.83	0.21	*6.56*	*0.00*
	성장기 내에서의 변화	*6.76*	*0.02*	*7.88*	*0.00*
	성장기/실패	38/16		61/33	
2	무역 개방도(PWT 데이터에 기반, 구조적 특징에 맞춰 조정됨)				
	초기 수준	*1.04*	*0.03*	1.01	0.33
	성장기 내에서의 변화	*1.04*	*0.01*	1.01	0.15
	성장기/실패	51/15		76/35	
3	금융 통합 (대외 자산과 부채의 합)				
	초기 수준	1.01	0.54	1.00	0.87
	성장기 내에서의 변화	1.01	0.52	1.00	0.60
	성장기/실패	29/7		40/18	
4	대외 부채				
	초기 수준	1.00	0.90	1.00	0.57
	성장기 내에서의 변화	1.00	0.92	1.00	0.18
	성장기/실패	29/7		40/18	
5	FDI 부채				
	초기 수준	1.00	0.99	1.03	0.27
	성장기 내에서의 변화	1.05	0.22	*1.11*	*0.02*
	성장기/실패	29/7		40/18	

표 T4. 지속 기간 회귀분석(거시경제적 변동성)

모델	변수	최소 8년의 성장기		최소 5년의 성장기	
		시간 비율	p 값	시간 비율	p 값
1	로그(1+인플레이션)				
	초기 수준	1.00	0.94	1.01	0.58
	성장기 내에서의 변화	0.97	0.60	*0.99*	*0.02*
	성장기/실패	54/9		82/43	
2	로그(1+평행환율의 하락)				
	초기 수준	*0.94*	*0.02*	0.99	0.12
	성장기 내에서의 변화	*0.96*	*0.06*	*0.99*	*0.10*
	성장기/실패	23/9		34/18	
3	로그(1+완만한 인플레이션)				
	초기 수준	0.96	0.45	*0.91*	*0.0*
	성장기 내에서의 변화	0.98	0.64	*0.94*	*0.02*
	성장기/실패	49/19		76/42	
4	성장기 내에서의 평균 성장	*0.84*	*0.01*	*0.86*	*0.00*
	성장기/실패	57/19		88/46	
5	로그(1+인플레이션)				
	초기 수준	1.01	0.84	1.00	0.7
	성장기 내에서의 변화	0.98	060	*0.99*	*0.01*
	성장기 내에서의 평균 성장	*0.81*	*0.01*	*0.86*	*0.00*
	성장기/실패	54/19		82/43	
6	로그(1+평행환율의 하락)				
	초기 수준	0.98	0.36	*0.99*	*0.06*
	성장기 내에서의 변화	*0.97*	*0.04*	*0.98*	*0.01*
	성장기 내에서의 평균 성장	*0.64*	*0.00*	*0.85*	*0.00*
	성장기/실패	23/9		34/18	
7	성장기 내에서의 부채/GDP 변화				
	성장기 내에서의 평균 성장	0.97	0.20	*0.98*	*0.05*
	로그(1+인플레이션)	*0.67*	*0.09*	*0.81*	*0.02*
	초기 수준	1.01	0.88	1.00	0.93
	성장기 내에서의 변화	1.00	0.96	*0.99*	*0.02*
	성장기/실패	33/8		44/18	

228

그림 4.3, 4.4, 4.5, 4.6

우리는 구조 개혁이 1인당 GDP 수준에 미치는 직간접적인 영향을 추정하기 위해 성장과 불평등을 각각 종속변수로 하는 회귀분석을 실시하였다. 회귀식의 우변에는 다양한 구조 개혁 변수들을 포함하였다. 모든 회귀분석에는 5년 평균 데이터를 이용하였다.

구조 개혁과 불평등이 성장에 미치는 직접적인 영향을 추정하기 위해 다음과 같은 표준적인 동태적 (수렴)성장회귀식을 이용하였다.

$$\frac{y_{i,t} - y_{i,t-4}}{5} = \beta_1 y_{i,t-4} + \gamma_1 \overline{SR}_{i,t}^j + \gamma_2 \overline{Ineq}_{i,t} + \alpha_1 \overline{X}_{i,t} + \mu_i + \mu_t + \epsilon_{i,t} \qquad (T4)$$

이 식에서 $y_{i,t}$는 t기에 i국가의 1인당 GDP의 로그값이며, $\overline{SR}_{i,t}^j$ 는 $(t-4)$기와 t기 사이의 구조 개혁 지표의 평균을 나타낸다. $\overline{Ineq}_{i,t}$ 는 $(t-4)$기와 t기 사이의 불평등 지표의 평균이며, $\overline{X}_{i,t}$는 그 외 다른 통제변수들의 $(t-4)$기와 t기 사이의 평균을 나타낸다. 우리는 Ostry, Berg, and Tsangarides(2014)에 따라 기저 특정화에 통제변수로 순불평등을 포함하였다. 그리고 투자의 로그값과 총교육의 로그값 역시 통제변수로 포함하고 강건성 검정robustness checks을 실시하였다. β_1이 음의 값이면 수렴을 의미한다. γ_1은 성장에 대한 구조 개혁의 직접적인 영향을 나타내는 계수이며, γ_2는 성장에 대한 불평등의 영향을 포착하는 계수이다.

그리고 구조 개혁이 불평등에 미치는 효과를 추정하기 위해 이와 유사한 불평등 수렴 회귀분석도 수행하였다.

$$\frac{Gini_{i,t} - Gini_{i,t-4}}{5} = \beta_2 Gini_{i,t-4} + \gamma_3 \overline{SR}_{i,t}^j + \alpha_2 \overline{X}_{i,t} + \mu_i + \mu_t + \epsilon_{i,t} \quad (T5)$$

이 식에서 $Gini_{i,t}$는 t기에 i국가의 시장소득 불평등을 나타내는 지니계수이며, $\overline{SR}_{i,t}^j$는 $(t-4)$기와 t기 사이의 구조 개혁 지표의 평균을 나타낸다. $\overline{X}_{i,t}$는 그 외 다른 통제변수들의 $(t-4)$기와 t기 사이의 평균을 나타낸다. γ_3은 불평등에 대한 구조 개혁의 영향을 나타내는 계수이다.

우리는 성장과 불평등 간의 쌍방향 인과관계를 허용할 수 있도록 불평등 회귀식에 있는 X들 중 하나에 1인당 GDP의 평균성장률을 포함하였다. 이와 같은 특정화에서, 구조 개혁은 정상상태steady state에서 불평등의 수준level에만 영향을 준다. 그러나 회귀식의 우변에 불평등의 시차변수가 있기 때문에 구조 개혁이 시간이 지남에 따라 점차적으로 지니계수에 영향을 주는 동태적 효과도 파악할 수 있다.

모든 회귀분석은 역의 인과관계reverse causality와 내생성endogeneity, 동태적 패널 편의dynamic panel bias를 고려할 수 있도록 시스템 일반화 적률법system generalized method of moments; system-GMM을 이용하여 실시되었다. 표준오차는 국가 수준에서 군집화되었다. 동태적 패널 회귀식을 추정할 때 시스템-GMM 방법을 사용하는 것이 자연스럽지만, 우리는 또한 고정효과 회귀분석뿐만 아니라 pooled OLS를 추정하여 강건성을 검정하였다. 분석 결과, 구조 개혁이 성장에 미치는 영향은 추정 방법과 무관하게 유사하게 나타났다. 불평등 회귀분석에서는 pooled OLS와 시스템-GMM 방법이 상당히 유사한 결과를 보여 주었고, 고정효과 분석에서는 보다 약한 결과가 나타났다. 이것은 구조 개혁과 불평등의 관계를 분석할 때 국가 간 차이가 중요하다는 것을 시사한다.

회귀식의 우변에 구조 개혁 변수와 기타 통제변수들의 동시적 수준contemporaneous level뿐만 아니라 잠재적 내생성을 고려하기 위해 시차변수를 도구변수로 포함하였다는 점에 주목할 필요가 있다. 불평등 회귀식에서 구조 개혁 변수를 동시적인 지표 평균 대신에 기간 시작 시점의 지표값을 사용해도 상당히 유사한 결과를 얻는다. 단, 성장 회귀식에서는 이렇게 하면 구조 개혁이 성장에 미치는 영향이 다소 약해진다.

표 T5부터 T11에는 국내 금융, 관세 개혁, 통화계정 자유화, 자본 계정 자유화, 네트워크 개혁, 단체교섭의 개혁, 법과 질서 각각에 대한 회귀분석 결과를 제시하였다. 각 표에서 (1)열은 전체 표본에 대한 결과를 나타내고(그림 4.3), (4)열은 저소득국가(LICs)와 중소득 국가(MICs)의 부표본에 대한 결과를 나타낸다(그림 4.4).

표 T5. 국내 금융 개혁(성장-형평성 트레이드오프)

변수	(1) 성장 모든 국가	(2) 성장 모든 국가	(3) 불평등 모든 국가	(4) 성장 LIC와 MIC	(5) 성장 LIC와 MIC	(6) 불평등 LIC와 MIC
국내 금융	0.0630*** (0.0146)	0.0478*** (0.0149)	0.0065* (0.0038)	0.0633** (0.0261)	0.0210 (0.0263)	0.0137*** (0.0058)
순불평등	−0.1505*** (0.0527)	−0.0782* (0.0425)		−0.1940** (0.0911)	−0.0042 (0.0909)	
로그(투자)		0.0410*** (0.0125)			0.0551*** (0.0089)	
로그(교육)		0.0004 (0.0085)			0.0143 (0.0171)	
Lagged per capita GDP	−0.0126*** (0.0037)	−0.0129*** (0.0037)		−0.0130* (0.0072)	−0.0197** (0.0093)	
인당 GDP의 증가			−0.0378 (0.0234)			−0.0128 (0.0402)
Lagged inequality			−0.0484*** (0.0147)			−0.0482 (0.0343)
개혁의 효과(75-50 분위)	0.35	0.25	1.57	0.35	0.09	3.32
관측치	444	427	392	271	254	225
국가 수	74	70	74	49	45	49
도구변수의 수	65	63	65	36	63	37
AR2	0.237	0.344	0.230	0.0567	0.365	0.133
Hansen	0.450	0.393	0.319	0.310	0.988	0.234

주: 개혁 변수의 상세한 내용은 부록1을 참조하라. 첫 번째 열은 표준 성장회귀(수식 T4)의 결과를 보여 준다. 두 번째 열은 성장회귀에 추가적인 통제를 더한 것이다. 세 번째 열은 LHS에서 시장소득 불평등의 변화와 함께 불평등회귀(수식 T5)의 결과를 보여 준다. 네 번째부터 여섯 번째 열은으로 저소득 국가와 중소득 국가들만을 표본으로 동일한 회귀분석을 반복한다. '개혁의 효과' 행은 개혁 점수 중간값으로부터 75백분위로 이동시킬 때 장기(30년)에 걸친 인당 GDP에 대한 효과(지니 포인트)를 보여 준다. 모든 회귀분석은 국가 및 시간 고정효과를 포함한다. 추정에는 시스템 GMM을 사용하였다. Hansen과 AR2 테스트는 p 값을 나타낸다. 국가 수준에서 군집된 강건표준오차는 괄호 안에 표기되어 있다.(*** p ⟨ 0.01, ** p ⟨ 0.05, * p ⟨ 0.1).

출처: 인당 GDP와 투자, Penn World Tables 7.1; 중교육, Barro and Lee(2012); 순소득 및 시장소득 불평등, SWIID5.0.

표 T6. 관세 개혁(성장-형평성 트레이드오프)

변수	(1) 성장 모든 국가	(2) 성장 모든 국가	(3) 불평등 모든 국가	(4) 성장 LIC와 MIC	(5) 성장 LIC와 MIC	(6) 불평등 LIC와 MIC
관세 개혁	0.0385** (0.0158)	0.0395** (0.0167)	0.0065* (0.0038)	0.0198 (0.0164)	0.0352* (0.0197)	0.0041 (0.0061)
순불평등	-0.1311** (0.0536)	-0.1059*** (0.0394)		-0.0770* (0.0438)	-0.0492 (0.0422)	
로그(투자)		0.0410*** (0.0071)			0.0265*** (0.0083)	
로그(교육)		-0.0063 (0.0087)			0.0163 (0.0110)	
Lagged per capita GDP	-0.0052* (0.0027)	-0.0054* (0.0030)		-0.0012 (0.0036)	-0.0088** (0.0043)	
인당 GDP의 증가			-0.0383* (0.0222)			-0.0040 (0.0177)
Lagged inequality			-0.0172 (0.0155)			-0.0271 (0.0169)
개혁의 효과(75-50 분위)	0.15	0.16	0.19	NA	0.13	1.26
관측치	685	635	601	467	418	392
국가 수	130	112	123	98	81	92
도구변수의 수	81	97	89	89	81	89
AR2	0.262	0.876	0.997	0.166	0.491	0.849
Hansen	0.327	0.116	0.612	0.614	0.243	0.890

주: 개혁 변수의 상세한 내용은 부록을 참조하라. 첫 번째 열은 표준 성장회귀(수식 T4)의 결과를 보여 준다. 두 번째 열은 성장회귀에 추가적인 통제를 더한 것이다. 세 번째 열은 LIS에서 시장소득 불평등의 변화와 함께 동태적 불평등회귀(수식 T5)의 결과를 보여 준다. 네 번째부터 여섯 번째 열들은 저소득 국가와 중소득 국가들만을 표본으로 동일한 회귀분석을 반복한다. '개혁의 효과' 행은 개혁 지수를 중간값으로부터 75번분위로 이동시킬 때 장기(30년)에 걸친 인당 GDP에 대한 효과(퍼센트로)와 불평등에 대한 효과(지니 포인트로)를 보여 준다. 모든 회귀분석은 국가 및 시간 고정효과를 포함한다. 추정에는 시스템 GMM을 사용하였다. Hansen과 AR2 테스트는 p 값을 나타낸다. 국가 수준에서 군집된 강건된 표준오차는 괄호 안에 표기되어 있다(*** p < 0.01, ** p < 0.05, * p < 0.1).

출처: 인당 GDP와 투자, Penn World Tables 7.1; 총교육, Barro and Lee(2012); 순소득 및 시장소득 불평등, SWIID5.0.

표 17. 경상계정 자유화(성장-형평성 트레이드오프)

변수	(1) 성장 모든 국가	(2) 성장 모든 국가	(3) 불평등 모든 국가	(4) 성장 LIC와 MIC	(5) 성장 LIC와 MIC	(6) 불평등 LIC와 MIC
경상계정 제약	0.0240* (0.0131)	0.0241** (0.0116)	0.0096** (0.0038)	-0.0020 (0.0140)	0.0095 (0.0150)	0.0095*** (0.0034)
순불평등	-0.2075*** (0.0544)	-0.1144*** (0.0383)		-0.181** (0.0538)	-0.0678 (0.0508)	
로그(투자)		0.0337*** (0.0089)			0.0285*** (0.0094)	
로그(교육)		-0.0128** (0.0063)			-0.0035 (0.0138)	
Lagged per capita GDP	-0.0082*** (0.0039)	-0.0070** (0.0027)		-0.0070 (0.0059)	-0.0081 (0.0067)	
인당 GDP의 증가			-0.0299 (0.0251)			0.0169 (0.0296)
Lagged inequality			-0.0298* (0.0157)			-0.0382** (0.0194)
개혁의 효과(75-50 분위)	0.12	0.12	2.83	-0.01	0.05	2.40
관측치	741	714	589	458	432	348
국가 수	100	93	96	68	62	65
도구변수의 수	71	103	57	61	101	55
AR2	0.110	0.196	0.980	0.134	0.195	0.580
Hansen	0.0524	0.644	0.641	0.334	0.988	0.788

주: 개혁 변수의 상세한 내용은 부록1을 참조하라. 첫 번째 열은 표준 성장회귀(수식 T4)의 결과를 보여 준다. 두 번째 열은 성장회귀에 추가적인 통제를 더한 것이다. 세 번째 열은 LIC에서 시장소득 불평등의 변화와 함께 동태적 불평등회귀(수식 T5)의 결과를 보여 준다. 네 번째부터 여섯 번째 열들은 저소득 국가와 중소득 국가들만을 표본으로 동일한 회귀분석을 반복한다. '개혁의 효과' 행은 해요 개혁 지수를 중간값으로부터 75백분위로 이동시킬 때 장기(30년)에 걸친 인당 GDP에 대한 효과(퍼센트로)와 불평등에 대한 효과(지니 포인트로)를 보여 준다. 모든 회귀분석은 국가 및 시간 고정효과를 포함한다. 추정에는 시스템 GMM을 사용하였다. Hansen과 AR2 비스트는 p 값을 나타낸다. 국가 수준에서 군집된 강건표준오차는 괄호 안에 표기되어 있다(*** p < 0.01, ** p < 0.05, * p < 0.1).

출처: 인당 GDP와 투자, Penn World Tables 7.1; 중교육, Barro and Lee(2012); 순소득 및 시장소득 불평등, SWIID5.0.

표 T8. 자본계정 자유화(성장-형평성 트레이드오프)

변수	(1) 성장 모든 국가	(2) 성장 모든 국가	(3) 불평등 모든 국가	(4) 성장 LIC와 MIC	(5) 성장 LIC와 MIC	(6) 불평등 LIC와 MIC
자본계정 제약	0.0181 (0.0113)	0.0144 (0.0103)	0.0075** (0.0027)	−0.0001 (0.0098)	−0.0035 (0.0094)	0.0065** (0.0030)
순불평등	−0.1957*** (0.0541)	−0.0979*** (0.0357)		−0.0988* (0.0591)	−0.0408 (0.0676)	
로그(투자)		0.0348*** (0.0087)			0.0308** (0.0133)	
로그(교육)		−0.0064 (0.0069)			−0.0101 (0.0121)	
Lagged per capita GDP	−0.0087** (0.0037)	−0.0088** (0.0029)		−0.0047 (0.0057)	−0.0057 (0.0051)	
인당 GDP의 증가			−0.0271 (0.0229)			0.0232 (0.0239)
Lagged inequality			−0.0436*** (0.0159)			−0.0592*** (0.0202)
개혁의 효과(75-50 분위)	0.20	0.16	3.84	0.00	−0.03	2.62
관측치	741	714	589	458	432	348
국가 수	100	93	96	68	65	65
도구변수의 수	61	103	57	61	101	55
AR2	0.135	0.214	0.804	0.140	0.204	0.743
Hansen	0.139	0.632	0.561	0.624	1	0.625

주: 개혁 변수의 상세한 내용은 부록1을 참조하라. 첫 번째 열은 표준 성장 회귀(수식 T4)를 결과를 보여 준다. 두 번째 열은 성장회귀에 추가적인 통제를 더한 것이다. 세 번째 열은 LIS에서 시장소득 불평등의 변화와 함께 동태적 불평등회귀(수식 T5)의 결과를 보여 준다. 네 번째부터 여섯 번째 열은으로는 저소득 국가와 중소득 국가들만을 표본으로 동일한 회귀분석을 반복한다. '개혁 효과' 행은 개혁 지수를 중간값으로부터 75백분위로 이동시킬 때 장기(30년)에 걸친 인당 GDP에 대한 효과(퍼센트로)를 보여 준다. 모든 회귀분석은 국가 및 시간 고정효과를 포함한다. 추정에는 시스템 GMM을 사용하였다. Hansen과 AR2 테스트는 p 값을 나타낸다. 국가 수준에서 군집된 강건표준오차는 괄호 안에 표기되어 있다(*** p < 0.01, ** p < 0.05, * p < 0.1).

출처: 인당 GDP와 투자, Penn World Tables 7.1; 중·고교육, Barro and Lee(2012); 순소득 및 시장소득 불평등, SWIID5.0.

표 T9. 네트워크 산업 개혁(성장-형평성 트레이드오프)

변수	(1) 성장 모든 국가	(2) 성장 모든 국가	(3) 불평등 모든 국가	(4) 성장 LIC와 MIC	(5) 성장 LIC와 MIC	(6) 불평등 LIC와 MIC
네트워크 산업 개혁	0.0029 (0.0136)	0.0040 (0.0104)	0.0031 (0.0022)	-0.0021 (0.0126)	-0.0022 (0.0135)	0.0064** (0.0029)
순불평등	-0.0473 (0.0723)	-0.0516 (0.0413)		-0.0839 (0.0618)	-0.0496 (0.0536)	
로그(투자)		0.0389*** (0.0119)			0.0414** (0.0162)	
로그(교육)		-0.0063 (0.0076)			-0.0061 (0.0184)	
Lagged per capita GDP	-0.0030 (0.0040)	-0.0047 (0.0047)		0.0074 (0.0081)	-0.0046 (0.0058)	
인당 GDP의 증가			-0.0232 (0.0227)			0.0008 (0.0335)
Lagged inequality			-0.0407*** (0.0119)			-0.0444*** (0.0167)
개혁의 효과(75-50 분위)	-0.03	0.06	2.22	-0.21	-0.03	4.31
관측치	561	534	431	344	318	248
국가 수	86	76	80	60	51	55
도구변수의 수	85	89	48	45	83	42
AR2	0.180	0.234	0.624	0.127	0.203	0.138
Hansen	0.565	0.786	0.977	0.937	1	0.642

주: 개혁 변수의 상세한 내용은 부록1을 참조하라. 첫 번째 열은 표준 성장회귀(수식 T4)의 결과를 보여 준다. 두 번째 열은 성장회귀에 추가적인 통제를 더한 것이다. 세 번째 열은 LIS에서 시장소득 불평등의 변화와 함께 동태적 불평등회귀(수식 T5)의 결과를 보여 준다. 네 번째와 중소득 국가들만을 표본으로 동일한 회귀분석을 반복한다. '개혁의 효과' 행은 개혁 지수를 중간값으로부터 75백분위로 이동시킬 때 장기(30년)에 걸친 인당 GDP에 대한 효과(퍼센트로)를 보여 준다. 모든 회귀분석은 국가 및 시간 고정효과를 포함한다. 추정하는 시스템 GMM을 사용하였다. Hansen과 AR2 비스트는 p 값을 나타낸다. 국가 수준에서 근접된 강건표준오차는 괄호 안에 표기되어 있다(*** p < 0.01, ** p < 0.05, * p < 0.1).

출처: 인당 GDP와 투자, Penn World Tables 7.1; 중교육, Barro and Lee(2012); 순소득 및 시장소득 불평등, SWIID5.0.

표 T10. 단체교섭 개혁(성장-형평성 트레이드오프)

변수	(1) 성장 모든 국가	(2) 성장 모든 국가	(3) 불평등 모든 국가	(4) 성장 LIC와 MIC	(5) 성장 LIC와 MIC	(6) 불평등 LIC와 MIC
경상계정 제약	0.0404 (0.0249)	0.0118 (0.0250)	0.0027 (0.0060)	-0.0331 (0.0464)	-0.0011 (0.0396)	0.0116* (0.0063)
순불평등	-0.0775 (0.0769)	-0.0563 (0.0370)		-0.0292 (0.1173)	0.0428 (0.0873)	
로그(투자)		0.0463*** (0.0135)			0.0275* (0.0166)	
로그(교육)		0.0102 (0.0172)			-0.0027 (0.0453)	
Lagged per capita GDP	-0.0040 (0.0044)	-0.0076 (0.0052)		-0.0124* (0.0074)	-0.0010 (0.0143)	
인당 GDP의 증가			-0.0532* (0.0306)			-0.0344 (0.0320)
Lagged inequality			-0.0542*** (0.0149)			-0.0349** (0.0158)
개혁의 효과(75-50 분위)	0.24	0.06	0.54	0.15	-0.01	3.19
관측치	451	439	431	220	208	212
국가 수	96	90	95	66	60	65
도구변수의 수	81	81	82	64	80	67
AR2	0.353	0.516	0.932	0.239	0.235	0.677
Hansen	0.717	0.733	0.926	0.996	1	1

주: 개혁 변수의 상세한 내용은 부록을 참조하라. 첫 번째 열은 표준 성장회귀(수식 T4)의 결과를 보여 준다. 두 번째 열은 표준 성장회귀에 추가적인 통제를 더한 것이다. 세 번째 열은 LIS에서 시장소득 불평등의 변화와 함께 동태적 불평등회귀(수식 T5)의 결과를 보여 준다. 비 번째부터 여섯 번째 열은은 저소득 국가와 중소득 국가들만을 표본으로 동일한 회귀분석을 반복한다. '개혁의 효과' 행은 개혁 지수를 중간값으로부터 75백분위로 이동시킬 때 장기(30년)에 걸친 인당 GDP에 대한 효과(퍼센트로)와 불평등에 대한 효과를 보여 준다. 모든 회귀분석은 국가 및 시간 고정효과를 포함한다. 추정에는 시스템 GMM을 사용하였다. Hansen과 AR2 테스트는 p 값을 나타낸다. 국가 수준에서 구집된 강건표준오차는 괄호 안에 표기되어 있다(*** p < 0.01, ** p < 0.05, * p < 0.1).

출처: 인당 GDP와 투자, Penn World Tables 7.1; 종교육, Barro and Lee(2012); 순소득 및 시장소득 불평등, SWIID5.0.

표 T11. 법질서(성장-형평성 트레이드오프)

변수	(1) 성장 모든 국가	(2) 성장 모든 국가	(3) 불평등 모든 국가	(4) 성장 LIC와 MIC	(5) 성장 LIC와 MIC	(6) 불평등 LIC와 MIC
법질서(ICRG)	0.0474** (0.0225)	0.0344 (0.0220)	0.0043 (0.0043)	0.0622*** (0.0215)	0.0462** (0.0185)	0.0023 (0.0067)
순불평등	-0.0918 (0.0988)	-0.0616 (0.0480)		0.0187 (0.1021)	-0.0143 (0.0455)	
로그(투자)		0.0135* (0.0077)			0.0157** (0.0065)	
로그(교육)		-0.0181 (0.0115)			0.0110 (0.0112)	
Lagged per capita GDP	-0.0080*** (0.0025)	-0.0136*** (0.0034)		-0.0033 (0.0042)	-0.0078 (0.0048)	
인당 GDP의 증가			-0.0761*** (0.0261)			-0.0114 (0.0404)
Lagged inequality			-0.0340** (0.0170)			-0.0232 (0.0164)
개혁의 효과(75-50 분위)	0.39	0.23	1.73	0.61	0.38	1.14
관측치	471	435	426	324	289	283
국가 수	108	97	104	77	67	74
도구변수의 수	43	79	43	43	79	43
AR2	0.990	0.675	0.286	0.995	0.448	0.872
Hansen	0.0216	0.134	0.593	0.568	0.818	0.334

주: 개혁 변수의 상세한 내용은 부록1을 참조하라. 첫 번째 열은 표준 성장회귀(수식 T4)의 결과를 보여 준다. 두 번째 열은 성장회귀에 추가적인 통제를 더한 것이다. 세 번째 열은 LHS에서 시장소득 불평등의 변화와 함께 동태적 불평등회귀(수식 T5)도 결과를 보여 준다. 네 번째부터 여섯 번째 열들은 저소득 국가와 중소득 국가들만을 표본으로 동일한 회귀분석을 반복한다. '개혁 효과'는 중간값으로부터 75백분위로 이동시킬 때 장기(30년)에 걸친 인당 GDP에 대한 효과(퍼센트로)와 불평등에 대한 효과등에 대한 값을 나타낸다. 모든 회귀분석은 국가 및 시간 고정효과를 포함한다. 추정에는 시스템 GMM을 사용하였다. Hansen과 AR2 테스트는 p 값을 나타낸다. 국가 수준에서 군집된 강건표준오차는 괄호 안에 표기되어 있다.(*** p < 0.01, ** p < 0.05, * p < 0.1).

출처: 인당 GDP와 투자, Penn World Tables 7.1; 중교육, Barro and Lee(2012); 순소득 및 시장소득 불평등, SWIID5.0.

238

이 책의 본문과 여러 표에서 제시하였듯이, 우리는 구조 개혁이 성장뿐만 아니라 불평등도 증대시킨다는 점을 발견하였다. 3장에서는 보다 높은 수준의 불평등이 성장률을 낮춘다는 것을 보여 주었다. 이것은 다음의 질문을 제기한다: 구조 개혁이 성장에 미치는 총 효과는 어떠한가? 즉, 구조 개혁 이후 불평등의 심화를 고려하면 구조 개혁이 성장에 미치는 영향은 어느 정도 작아지는가 (그리고 그 효과는 여전히 양인가)? 이 질문에 답하기 위해 우리는 성장 회귀분석과 불평등 회귀분석 각각의 결과를 결합하는 간단한 계산을 실시하였다. 먼저 구조 개혁이 1인당 GDP 로그값의 정상상태 수준에 미치는 직접적인 영향을 고려해 보자(불평등은 불변으로 유지한다). 구조 개혁 지수가 50백분위수(중간값)에서 75백분위수까지 증가(ΔSR)하면 1인당 GDP 로그값의 정상상태 수준은 $\dfrac{\gamma_1 \Delta SR}{-\beta_1}$만큼 증가하고(T4 식), 지니계수의 정상상태 수준은 $\dfrac{\gamma_3 \Delta SR}{-\beta_2}$만큼 증가한다(T5 식). 따라서 (정상상태에서) 불평등의 증가가 1인당 GDP에 미치는 간접적인 영향은 $\dfrac{\gamma_2}{-\beta_1}\dfrac{\gamma_3 \Delta SR}{-\beta_2}$가 된다. 여기서 γ_2는 성장회귀식에서 불평등의 계수이다. 마지막으로 성장에 대한 총 효과는 직접적 효과와 간접적 효과의 합이다. 그림 4.5는 이러한 계산의 결과를 보여 준다.

그림 5.3, 5.4, 5.5

자본계정 자유화의 영향을 추정하기 위해 우리는 Romer and Romer (2004)의 자기회귀시차분포 접근법autoregressive distributed lag approach을 이용하였다. 이 접근법은 특히 구조 개혁의 여파로 우리가 관심을 갖

는 변수의 동태적 반응을 추정하는 데 적합한 방법이다. 그 방법은
일변량 자기회귀식univariate autoregressive equation을 추정하고 그와 관련
되는 충격반응함수impulse response function를 도출하는 것으로 구성된다.

$$g_{it} = a_i + \gamma_t + \sum_{k=1}^{l} \beta_k g_{i,t-k} + \sum_{j=0}^{l} \delta_k D_{i,t-k} + \sum_{k=1}^{l} \vartheta_k X_{i,t-k} + \varepsilon_{it} \qquad (\text{T6})$$

이 수식에서 g는 생산의 로그값(또는 지니계수나 노동소득 분배율)의
연간 변화율이다. D는 더미변수인데, 자본계정 자유화의 시작시점
에서는 1이고 그 이외의 경우에는 0이다. a_i는 관측되지 않은 국가
간 이질성을 통제하기 위해 포함된 국가 고정효과이다. γ_t는 글로벌
충격을 통제하기 위한 시간 고정효과이다. 우리는 생산(불평등)의 정
상적인 동학을 통제하기 위해 과거시점의 생산증가율(불평등)을 포함
하였다. 게다가 단기적으로 생산(불평등)에 영향을 주는 변수들은 일
반적으로 계열 상관성이 있기 때문에, 이것은 생산(불평등)에 영향을
줄 수 있는 다양한 요인들을 통제하는 데에도 도움이 된다.

마지막으로, 몇몇 유형의 경제개혁들은 종종 동시에 이루어지기
때문에—특히 통화계정 개혁과 자본계정 개혁이 그렇다—우리는 다
른 개혁의 영향으로부터 자본계정 자유화의 영향을 구분하기 위해
기타 구조 개혁 변수들(X)을 기저에 포함하였다. 통제변수로 여기에
포함된 개혁변수들은 다음과 같다: (1) 통화계정 개혁. 이것은 통화
계정 개방에 대한 Quinn and Toyoda(2008) 측정치의 연간 변화율이
모든 관측치의 연간 평균변화율보다 2표준편차정도 더 큰 사건으로

정의된다. (2) 규제개혁. 이것은 신용시장과 생산물시장, 노동시장 규제에 대한 복합적인 측정치의 연간 변화율이 모든 관측치의 연간 평균변화율보다 2표준편차정도 더 큰 사건으로 정의된다.

(T6)은 선진국과 개발도상국 149개국을 대상으로 1970년에서 2010년까지 연간 관측치의 불균형 패널 데이터에 대해 OLS를 이용하여 추정하였다. 시차종속변수lagged dependent variable와 국가 고정효과가 있는 경우 원칙적으로는 표본규모가 작을 때 δ_j와 β_j의 추정에서 편의가 발생할 수 있지만, 시간 차원time dimension의 길이가 이러한 문제를 완화해 준다. 유한 표본편의finite sample bias는 대략 $1/T$이며, 우리의 표본에서 T는 41이다. 2단계 시스템-GMM 추정량을 이용하여 강건성 검정을 실시하였고 결과의 유효성이 확인되었다. 시차의 길이는 2로 선택하였으며, 다른 시차 길이에 대해서도 강건성 검정을 실시하였다.

자본계정 자유화 조치 이후 성장과 불평등의 반응을 보기 위해 충동반응함수를 이용하였다. 이 반응함수의 형태는 δ와 β 계수값에 의존한다. 예를 들어 동시반응은 δ_0이고, 1년 이후까지의 누적반응은 $\delta_0 + (\delta_1 + \beta_0 \delta_0)$이다. 추정된 충격반응함수와 관련되는 신뢰대역confidence bands은 (국가 수준에서) 군집된 이분산강건표준오차heteroskedasticity rubust standard errors에 기초하여, 추정된 계수값의 표준오차 추정치를 이용하여 얻었다.

그림 5.3에는 성장과 불평등(지니계수 측정치)에 대한 충격반응함수, 그림 5.4에는 고소득자 분배율에 대한 충격반응함수, 그림 5.5에는 노동소득 분배율에 대한 충격반응함수가 제시되어 있다.

...

그림 5.6, 5.8

어떤 경제가 금융 세계화로부터 이득을 얻으면서 그와 관련되는 위험을 줄이기 위해서는, 그 이전에 금융 발전(특히 신용시장의 성숙도)이 도달해야 하는 일정한 임계수준threshold level이 있다고 공통적으로 주장된다. 자본계정 자유화가 실시되면 금융기관이 튼튼한 국가에서는 보다 나은 소비 평탄화consumption smoothing를 할 수 있고 변동성이 줄어들 수 있는 반면, 금융기관이 약하고 신용에 대한 접근성이 포용적이지 않은 국가에서는 생산 이득output gains이 줄어들고 금융 접근성에서 부자에 대한 편의가 증가하여 불평등이 더욱 악화될 수 있다.

우리는 자본계정 자유화의 효과가 금융기관의 건실함—신용시장의 성숙도와 신용에 대한 접근성—에 의존하는지 여부와 자유화 조치 이후 위기가 발생하였는지 여부를 추정함으로써 이 가설을 재검토하였다. 추정식은 다음과 같다.

$$g_{it} = a_i + \gamma_t + \sum_{j=1}^{l} \beta_j g_{i,t-j} + \sum_{j=1}^{l} \vartheta_j X_{i,t-j} + \sum_{j=0}^{l} \delta_j^- D_{i,t-j} G(z_{it})$$

$$+ \sum_{j=0}^{l} \delta_j^+ D_{i,t-j} [1 - G(z_{it})] + \varepsilon_{it} \tag{T7}$$

$$\text{with } G(z_{it}) = \frac{\exp(-\gamma z_{it})}{1 + \exp(-\gamma z_{it})}, \quad \gamma > 0,$$

여기서 z는 제로평균과 단위분산을 갖도록 표준화된, 금융발전을 나타내는 지표이다. $G(z_{it})$는 금융발전 정도에 조응하는 평활전이함수smooth transition function이다―위기가 발생하였을 때 그것이 자유화 조치 이후 발생한 것이면 함수 $G(.)$는 1이 되고 그렇지 않으면 0이 된다. 이 접근법은 어떤 주어진 임계나 체제를 벗어나는 비선형적 효과를 추정하기 위해 이용되는 평활전이자기회귀smooth transition autoregressive, STAR 모형과 동일한 것이다. 각각의 체제에 대한 구조벡터자기회귀모형structural vector autoregressive models을 추정하는 것에 비해 이 방법이 갖는 주요한 장점은 추정의 안정성과 엄밀성을 개선하면서 오직 종속변수들에 대한 충격반응함수를 계산하기 위해 보다 많은 관측치를 이용한다는 점이다. 또한 이 방법에서는 국가 수준에서 군집화를 함으로써 국가들 내의 표준오차의 잠재적 상관관계를 보다 쉽게 다룰 수 있다.

그림 5.6은 성장과 불평등에 대한 자본계정 자유화의 효과가 금융의 성숙도와 포용도 그리고 위기의 발생에 얼마나 의존하는지를 보여 준다. 그림 5.8은 저소득 국가에서 자본계정 자유화의 효과가 금융의 성숙도와 포용도에 얼마나 의존하는지를 보여 준다.

그림 6.3, 6.4, 6.5

Jordà(2005)가 제안한 방법을 이용하여 재정 건전화 정책이 단기와 중기에 분배에 미치는 영향을 추정하였다. 이 방법은 재정 건전화 조치의 여파로 인한 불평등의 동태적 변화를 추정하는 것이다. 각각의 미래 연도 k에 대해 다음의 식이 연간 데이터를 사용하여 추정되었다.

$$G_{i,t+k} - G_{i,t} = \alpha_i^k + \text{Time}_t^k + \sum_{j=1}^{l} \gamma_j^k \Delta G_{i,t-j} + \beta_k D_{i,t} + \varepsilon_{i,t}^k \qquad \text{(T8)}$$

$k = 1 \ldots 8$이며, G는 불평등의 측정치(처분가능소득에 대한 지니계수)를 나타낸다. $D_{i,t}$는 더미변수이며, t시점에 i국가에서 재정 건전화 정책이 실시된 시작날짜에 대해서는 1이 되고 그 외의 경우에는 0이 된다. α_i^k는 국가 고정효과이고, Time_t^k는 시간추세이다. β_k는 각각의 미래 연도 k에 대해 재정 건전화 조치가 지니계수의 변화에 미치는 영향을 측정한다. 회귀분석에 고정효과가 포함되기 때문에 재정 건전화 조치의 동태적 영향은 기저적인 국가별 추세baseline country-specific trend에 대비한 지니계수의 변화로 해석되어야 한다.

(T7)은 패널교정표준오차panel-corrected standard error, PCSE 추정량을 이용하여 추정되었다. 이 절차는 (연도 수에 비해 국가 수가 작은) 데이터를 다루고 패널에 고유한 이분산성과 계열 상관성을 교정하는 데 보다 적절하다. 시차(l)의 수는 가장 좋은 특정화specification를 보여 주는 2로 선택하였다. 물론 다른 숫자에 대해서도 그 결과는 매우 강건하였다(강건성 검정은 다음 절에 제시된다).

재정 건전화에 대한 불평등의 동태적 반응은 $k = 0, 1 \ldots 8$에 대해 추정된 β_k를 plotting하여 얻으며, 추정된 효과에 대한 신뢰대역은 추정된 계수 β_k의 표준편차를 이용하여 계산한다. 시차종속변수와 국가 고정효과가 있는 경우 원칙적으로는 표본규모가 작을 때 γ_j^k와 β_k의 추정에서 편의가 발생할 수 있지만, 시간 차원의 길이가 이러한 문제를 완화해 준다. 유한 표본편의는 대략 1/T이며, 우리의 표본에서 T(총 기간 수)는 32이다.

그림 6.3은 위에서 설명한 방법을 이용하여 분석한 재정 건전화에 대한 불평등의 반응을 보여 준다. 또한 다양한 집단들 간의 소득 분배에 대한 재정 건전화의 효과를 추정하기 위해 임금소득과 이윤소득에 대해(그림 6.4) 그리고 단기실업과 장기실업에 대해(그림 6.5) (T7) 식을 추정하였다.

그림 7.1

우리는 통화정책의 충격을 추정하기 위해 Auerbach and Gorodnichenko (2013)이 재정정책의 충격을 식별하기 위해 개발한 접근법을 채택하였다. 이 방법은 두 단계를 거친다. 첫째, *Consensus Economics*(옮긴이 주: 영국에 소재하는 여론조사기관) 예측에 근거하여, (단기) 정책금리의 예측오차(FE_t^i)—연말의 실제 단기 정책금리(ST_t^r)와 분석가가 10월 1일에 그해 말에 대해 예측한 정책금리(CT_t^r) 간의 차이—를 이용하여 정책금리(단기금리를 근사치로 사용)의 예측하지 못한 변화를 계산하였다.

$$FE_{i,t}^r = ST_{i,t}^r - CT_{i,t}^r = \left(ST_{i,t}^r - ST_{i,t-1}^r \right) - (CT_{i,t}^r - ST_{i,t-1}^r) \qquad \text{(T9)}$$

다음으로 각 국가를 대상으로 유사하게 계산된 인플레이션 예측오차(FE^{inf})와 생산증가율 예측오차(FE^g)에 대해 정책금리의 예측오차(ST_t^r)를 회귀분석한다.

$$FE_{i,t}^r = \alpha_i + \beta FE_{i,t}^{inf} + \gamma FE_{i,t}^g + \epsilon_{i,t} \qquad \text{(T10)}$$

여기서 $FE_{i,t}^{inf}\left(FE_{i,t}^g\right)$는 연말의 CPI 인플레이션(GDP 성장률)과 분석가가 10월 1일에 그해 말에 대해 예측한 인플레이션(GDP 성장률) 간의 차이이다. 잔차($\epsilon_{i,t}$)는 내생적인 통화정책 충격을 포착한다. 통화정책 충격은 *Consensus Economics*가 포괄하는 국가들에 대해 식별되었다.

이 방법은 불평등에 대한 통화정책 충격의 효과에 대한 인과적 추정을 혼동하게 만들 수도 있는 두 가지 문제를 해결해 준다. 첫째, 예측오차를 이용함으로써 "정책 예견policy foresight"의 문제, 즉 사람들이 통화정책의 변화에 대한 뉴스를 미리 듣고 정책 변화가 일어나기 전에 자신들의 소비와 투자 행태를 바꾸는 문제가 제거된다. 실제 정책금리의 변화에 포함된 정보만을 이용하는 계량경제학자는 경제주체들이 이용하는 정보보다 더 적은 정보에 의존함으로써 통화정책 충격의 효과에 대한 비일치 추정값inconsistent estimates을 얻게 된다. 이와 달리 정책금리의 예측오차를 이용하는 이 방법은 경제주체의 정보와 계량경제학자의 정보를 효과적으로 맞춘다. 둘째, 단기금리의 예측오차로부터 성장과 인플레이션에 관한 뉴스(즉, 예측하지 못한 변화)를 제거함으로써, 성장이나 인플레이션의 변화에 대한 통화정책의 잠재적으로 내생적인 반응이 추정값에 포함될 가능성이 상당히 줄어든다.

그림 7.1은 미국을 대상으로 이 방법을 이용하여 분석한 통화정책 충격의 측정치를 보여 주고 있으며, 그것이 Romer and Romer (2004)의 유명한 측정치와 매우 유사하다는 것도 알 수 있다.

그림 7.2, 7.3, 7.4, 7.5

앞에서 논의한 바 있는 Jordà (2005)가 제안한 방법을 이용하여 통화 정책 충격이 단기와 중기에 불평등에 미치는 영향을 추정하였다. 이 방법은 국소투영법으로부터 충격반응함수를 직접적으로 추정하는 것이다. 각각의 미래 연도 k에 대해 다음의 식이 연간 데이터를 사용하여 추정되었다.

$$y_{i,t+k} - y_{i,t} = \alpha_i^k + \vartheta_t^k + \beta^k MP_{i,t} + \pi^k X_{i,t} + \varepsilon_{i,t}^k \qquad \text{(T11)}$$

여기서 y는 순소득 불평등의 로그값이고, $MP_{i,t}$는 외생적인 통화 정책 충격이다. α_i는 국가 고정효과인데, 이것은 관측되지 않은 국가 간 이질성을 통제하고 또한 불평등이 소득 데이터로 측정된 국가가 있고 소비 데이터로 측정된 국가가 있다는 사실을 통제하기 위해 포함되었다. ϑ_t는 글로벌 충격을 통제하기 위한 시간 고정효과이다. X는 시차 통화정책 충격과 불평등의 시차 변화를 포함하는 통제변수들의 집합이다.

기저 분석은 다음 두 가지 이유로 총소득이 아닌 순소득에 초점을 맞추었다. 첫째, 데이터의 출처Luxembourg Income Study—이를 통해 SWIID dataset에서 총시장소득 지니계수가 계산된다—가 가계의 처분가능소득에 근거하고 있으며, 따라서 측정오차의 가능성이 줄어든다. 둘째, 통화정책 충격이 재분배(조세와 이전지출)에 미치는 영향까지 포함하여 불평등에 미치는 전반적인 효과를 파악하고자 하였다. 한편, 시장소득에 근거한 분석 결과는 강건하였으며, 순소득에 근거한 분석 결과와 통계적으로 다르지 않았다.

(T10)은 $k=0,\cdots,4$에 대해, 즉 충격이 발생한 시기부터 5년까지에 대해 추정되었다. 추정된 계수 β^k를 이용하여 충격반응함수를 계산하였고 이 계수들의 추정된 표준오차를 이용하여 신뢰구간을 계산하였다. 표본기간—통화정책 충격과 불평등 자료가 이용 가능한 기간—은 1990년에서 2013년까지이며, 선진국과 신흥시장국가 32개국에 대한 추정값은 군집강건표준오차clustered robust standard errors에 근거한다.

그림 7.2는 통화정책 충격이 생산, 인플레이션, 자산가격과 같은 거시경제 변수들에 대해 예상되는 효과를 미친다는 것을 보여 준다. 그림 7.3은 불평등(지니계수)에 대한 통화정책 충격의 효과를 보여 주고 있으며, 그림 7.4는 임금 몫에 대한 그 효과를, 그림 7.5는 상위 소득 몫에 대한 그 효과를 보여 준다.

용어 해설

거시경제 개혁 Macro economic reforms 금융 또는 재정 당국이 정부 재정적자(정부가 지출하는 금액과 세수로 확보하는 금액의 차이)가 너무 커지지 않도록 하는 정책 및 중앙은행이 인플레이션을 관리하는 정책의 개혁.

경상계정 자유화 Current account liberalization 비관세 무역 장벽을 제거하는 것으로, 예컨대 국제 경상 거래에 있어서 지불과 지급에 제한이 없도록 외환 시스템을 유지하는 것 등을 포함한다.

고소득자 분배율 Top income share 부유층의 소득이 전체 소득에서 차지하는 비중으로, 부유층의 정의는 최고 0.1퍼센트, 1퍼센트, 10퍼센트 등 다양하다.

관세Tariff 수입품에 부과하는 세금으로, 관세율이 높으면 무역 개방도가 낮은 것으로 해석된다.

국내 금융 탈규제 Domestic finance deregulation 은행 부문에 있어서 이자율과 대출에 대한 통제를 줄이고, (은행 수의 증가와 이들의 시장 점유율 확대를 통해) 경쟁을 확대하고, 금융시장 발전을 높이는 것.

금융 개방 Financial openness 자본계정 자유화 참조.

긴축Austerity 재정 건전화 참조.

노동소득 분배율 Labor income share 총소득 중 (자본이 아닌) 노동에 귀속되는 소득의 비율.

노동시장 개혁 Labor market reform 단체협약 변화 등 노동 이슈와 관련된 변화 또는 탈규제.

대외 부채 External debt 외국 채권자에게 진 부채.

무역 개방도 Openness to trade 정부정책이 무역 증진에 기여하는 정도. 일반적으로 수출과 수입의 합계로 측정됨.

법질서Law and order 법체계의 공평무사한 정도 및 대중이 법을 준수하는 정도를 나타냄.

사전분배Predistribution 심각한 소득 불평등을 피하기 위해서 정부가 소득 발생 단계에서 취하는 조치로 교육과 의료를 보다 평등하게 제공하는 것을 포함한다. 이러한 정책은 빈민과 빈민 가정 아이들이 출발 지점의 불리함에도 불구하고 최종적으로 높은 소득을 얻을 가능성을 높인다.

상향 단절 Upbreak 성장이 발생하여 성장기가 시작되는 지점.

성장기Growth spell 상향 단절과 하향 단절 사이의 장기적으로 성장하는 기간.

소득 불평등 Income inequality 소득이 불균등하게 분배되는 정도를 지칭하는 개념.

순소득 지니계수 Net Gini 세금 납부와 이전소득을 반영한 이후의 불평등 정도

시장소득 지니계수 Market Gini 세금 납부와 이전소득을 반영하기 이전의 불평등 정도

완화적 통화정책 Easing monetary policy 중앙은행이 목표 이자율을 낮추는 것

외국인 직접투자 Foreign Direct Investment 경제 주체가 다른 나라에서 수행한 투자

인적 자본 Human capital 일국 내 경제활동인구에 체화된 숙련.

자본계정 자유화 Capital account liberalization 해외 자본에 대한 개방 과정으로 금융 개방으로 불리며, 이 과정을 통해 각국은 더 광범한 범위의 자본에 접근할 수 있고, 자본 소유자들은 더 다양한 투자 프로젝트를 선택하는 것이 가능하게 된다.

재분배Redistribution 부자로부터 빈민에게 소득을 이전하는 것으로, 빈민보다 부자에게 높은 세율을 누진적으로 적용하는 것과 빈민들에게 현금 또는 사회적 혜택(급식 바우처, 복지수당 등)을 제공하는 것을 포함한다.

재정 건전화 Fiscal consolidation 재정적자를 줄이는 것을 목표로 하는 정부정책. 일반적으로 지출 삭감과 증세가 결합되어 나타남.

정치제도Political Institution 정부 구조, 특히 유권자와 행정 책임자 사이의 관계 및 책임성의 정도와 관련됨.

지니계수Gini index 소득 불평등 척도로 그 값은 0~100 사이의 값으로 표시되며, 0은 모든 가구가 동일한 소득일 때, 100은 단 하나의 가구가 전체 소득을 독식할 때 나타남.

탈규제Deregulation 금융, 무역, 노동 등과 관련된 정부의 복잡하고 번거로운 법률과 절차를 줄이거나 단순화하는 과정.

통화정책Monetary policy 중앙은행이 이자율 변동을 통해 화폐 공급을 조절하는 것으로 물가상승률 목표를 달성하고 소득을 잠재소득 수준으로 유지하기 위해 수행됨.

하향 단절 Downbreak 성장이 부진하게 되어 성장기가 끝나는 시점.

현금이전Cash trasnsfer 정부 프로그램을 통해 부자로부터 빈민에게 소득이 이전 되는 것.

형평성Equity 경제학자를 포함한 전문가들이 소득 분배와 관련하여 사용하는 용어(예: 각각의 사람들에게 돌아가는 파이의 크기).

환율 경쟁력 Exchange rate competitiveness 환율이 해당국의 수출입에 유리하게 맞 춰진 정도.

효율성Efficiency 경제학자를 포함한 전문가들이 경제성장과 관련하여 사용하는 용어(예: 파이의 크기를 키우는 것).

참고 문헌

Abiad, Abdul, Enrica Detragiache, and Thierry Tressel. 2008. "A New Database of Financial Reforms," *IMF Working Paper* 08/266 International Monetary Fund, Washington, D.C.

Abiad, Abdul, and Ashoka Mody. 2005. "Financial Reform: What Shakes It? What Shapes It?" *American Economic Review*, 95 (1): 66–88.

Acemoglu, Daron, and Simon Johnson. 2012. "Who Captured the Fed?" *The New York Times*, March 29, 2012. https://economix.blogs.nytimes.com/2012/03/29/who-captured-the-fed/?_r=0.

Adhikari, Bibek, Romain Duval, Bingjie Hu, and Prakash Loungani. 2018. "Can Reform Waves Turn the Tide? Some Case Studies Using the Synthetic Control Method." *Open Economies Review*. 1–32.

Aerts, J.J., Denis Cogneau, Javier Herrera, G. de Monchy, and François Roubaud. 2000. *L'economie camerounaise: Un espoir évanoui*. Paris: Karthala.

Aghion, Philippe, Eve Caroli, and Cecilia García-Peñalosa. 1999. "Inequality and Economic Growth: The Perspective of the New Growth Theories." *Journal of Economic Literature* 37 (4): 1615–660.

Alesina, Alberto, and Dani Rodrik. 1994. "Distributive Politics and Economic Growth." *The Quarterly Journal of Economics* 109 (2): 465–90.

Alesina, Alberto, and Roberto Perotti. 1996. "Income Distribution, Political Instability, and Investment." *European Economic Review* 40 (6): 1203–228.

Alesina, Alberto, Enrico Spolaore, and Romain Wacziarg. 2005. "Trade, Growth and the Size of Countries." In *Handbook of Economic Growth*, ed. Philippe Aghion and Steven Durlauf, 1499–542: North Holland, Amsterdam.

Árvai, Zsófia. 2005. "Capital Account Liberalization, Capital Flow Patterns, and Policy Responses in the EU's New Member States." *IMF Working Papers* 05/213 (1). https://doi.org/10.5089/9781451862324.001.

Atkinson, Anthony B., Thomas Piketty, and Emmanuel Saez. 2011. "Top Incomes in the

252

Long Run of History." *Journal of Economic Literature* 49 (1): 3–71.

Atkinson, Anthony, and Maria Lugo. 2014. "Growth, Poverty and Distribution in Tanzania." *IGC International Growth Centre* (blog). January 7, 2014.

Auerbach, Alan, and Yuriy Gorodnichenko. 2013a. "Fiscal Multipliers in Recession and Expansion." In *Fiscal Policy After the Financial Crisis*, eds. Alberto Alesina and Francesco Giavazzi. Cambridge, Massachusetts: NBER Books, National Bureau of Economic Research, Inc.

——. 2013b. "Measuring the Output Responses to Fiscal Policy." *American Economic Journal: Economic Policy* 4 (2): 1–27.

Auriol, Emmanuelle. 2005. "Telecommunication Reforms in Developing Countries." *Communications & Strategies*, Special Issue (November 2005): 31–53.

Autor, David H. 2015. "Why Are There Still So Many Jobs? The History and Future of Workplace Automation." *Journal of Economic Perspectives* 29 (3): 3–30.

Bai J., and P. Perron. 1998. "Estimating and testing linear models with multiple structural changes." *Econometrica* 66: 47–78.

——. 2003. "Computation and analysis of multiple structural change models." *Journal of Applied Econometrics* 18: 1–22. doi:10.1002/jae.659.

Baldacci, Emanuele, Iva Petrova, Nazim Belhocine, Gabriela Dobrescu, and Samah Mazraani. 2011. "Assessing Fiscal Stress." *IMF Working Papers* 11/100.

Ball, Laurence, Daniel Leigh, and Prakash Loungani. 2011. "Painful Medicine." *Finance & Development* 48 (3): 20–23.

Ball, Laurence M., Davide Furceri, Daniel Leigh, and Prakash Loungani. 2013. "The Distributional Effects of Fiscal Consolidation." *IMF Working Papers* 12/151. https://doi.org/10.5089/9781475551945.001.

Barro, Robert. 2000. "Inequality and Growth in a Panel of Countries." *Journal of Economic Growth* 5 (2): 5–32.

Barro, Robert and Jong-Wha Lee, 2013, "A New Data Set of Educational Attainment in the World, 1950–2010." *Journal of Development Economics* 104: 84–198.

Benabou, Roland. 2000. "Unequal Societies: Income Distribution and the Social Contract." *American Economic Review* 90 (1): 96–129.

Benhabib, Jess. 2003. "The Tradeoff Between Inequality and Growth." *Annals of Economics and Finance* 4: 329–45.

Berg, Andrew, Edward Buffie, and Luis-Felipe Zanna. 2018. "Robots, Growth, and Inequality: Should We Fear the Robot Revolution?" *Journal of Monetary Economics*, forthcoming. https://www.sciencedirect.com/science/article/pii/S0304393218302204.

Berg, Andrew, and Jonathan D. Ostry. 2012. "How Inequality Damages Economies." *Foreign Affairs*. https://www.foreignaffairs.com/articles/2012-01-06/how-inequality-damageseconomies.

———. 2017. "Inequality and Unsustainable Growth: Two Sides of the Same Coin?" *IMF Economic Review* 65 (4): 792–815.

Berg, Andrew, Jonathan D. Ostry, and Jeromin Zettelmeyer. 2012. "What Makes Growth Sustained?" *Journal of Development Economics* 95 (2): 149–66. https://doi.org/10.1016/j.jdeveco.2011.08.002.

Berg, Andrew, and Jeffrey Sachs. 1988. "The Debt Crisis: Structural Explanations of Country Performance." *National Bureau of Economic Research.* https://doi.org/10.3386/w2607.

Bernanke, Ben. 2015. "Monetary Policy and Inequality 3." Brookings website, June 1, 2015. https://www.brookings.edu/blog/ben-bernanke/2015/06/01/monetary-policy-and-inequality/.

Blanchard, Olivier, Jonathan D. Ostry, Atish Ghosh, and Marcos Chamon. 2016. "Capital Flows: Expansionary or Contractionary?" *American Economic Review* 106 (5): 565–69.

———. 2017. "Are Capital Inflows Expansionary or Contractionary?" *IMF Economic Review*, 65 (3): 563–85.

Boushey, Heather, and Carter Price. 2014. "How are Economic Inequality and Growth Connected? A Review of Recent Research." Washington Center for Equitable Growth.

Cameron, David. 2011. "Speech to World Economic Forum Annual Meeting 2011." *New Statesman.* Accessed January 4, 2017. http://www.newstatesman.com/economy/2011/01/europe-world-growth-values.

Čapek, Karel. 1921. R.U.R. (*Rossum's Universal Robots*). New York: Penguin.

Carbonnier, Gilles. 2002. "The Competing Agendas of Economic Reform and Peace Process: A Politico-Economic Model Applied to Guatemala." *World Development* 30 (8): 1323–339. https://doi.org/10.1016/s0305-750x(02)00041-4.

Cárdenas, Mauricio. 2007. "Economic Growth in Colombia: A Reversal Of 'Fortune'?" *Banco de la República* 25 (53): 220–59.

Center for Systemic Peace. "Polity IV Database." Accessed January 5, 2017. http://www.systemicpeace.org/inscrdata.html.

Chinn, Menzie D., and Hiro Ito. 2006. "What Matters for Financial Development? Capital Controls, Institutions, and Interactions." *Journal of Development Economics* 81 (1): 163–92. https://doi.org/10.1016/j.jdeveco.2005.05.010.

Coibion, Olivier, Yuriy Gorodnichenko, Lorenz Kueng, and John Silvia. 2012. "Innocent Bystanders? Monetary Policy and Inequality in the U.S." *NBER Working Paper* 18170. National Bureau of Economic Research, Inc.

Conley, Tom. 2004. "Globalisation and Rising Inequality in Australia: Is Increasing Inequality Inevitable in Australia?" Griffith University.

Dao, Mai, and Prakash Loungani. 2010. "The Human Cost of Recessions: Assessing It,

Reducing It." IMF Staff Position Note 10/17.

Dell'Ariccia, Giovanni, Paolo Mauro, Andre Faria, Jonathan D. Ostry, Julian Di Giovanni, Martin Schindler, Ayhan Kose, and Marco Terrones. 2008. "Reaping the Benefits of Financial Globalization." *IMF Occasional Paper* 264. https://doi.org/10.5089/9781589067486.084.

Demirguc-Kunt, Asli; Klapper, Leora; Singer, Dorothe; Van Oudheusden, Peter. 2015. "The Global Findex Database 2014: measuring financial inclusion around the world." *Policy Research working paper; no. WPS 7255.* Washington, D.C.: World Bank Group.

DeVries, Pete, Jaime Guajardo, Daniel Leigh, and Andrea Pescatori. 2011. "A New Action-based Dataset of Fiscal Consolidation." *IMF Working Papers* 11/128. International Monetary Fund, Washington, D.C.

Draghi, Mario. 2016. "Reviving the Spirit of De Gasperi: Working Together for an Effective and Inclusive Union." European Central Bank. Accessed December 28, 2017. https://www.ecb.europa.eu/press/key/date/2016/html/sp160913.en.html.

Dreher, Axel. 2006. "Does Globalization Affect Growth? Evidence from a New Index of Globalization." *Applied Economics* 38 (10): 1091–110. https://doi.org/10.1080/00036840500392078.

Fischer, Stanley. 1997. *Capital Account Liberalization and the Role of the IMF.* Washington, D.C.: International Monetary Fund.

Ford, Martin. 2015. *The Rise of the Robots.* New York: Basic Books.

Frankel, Jeffrey, and David Romer. 1999. "Does Trade Cause Growth?" *American Economic Review* 89 (3): 379–99.

Freeman, Richard B. 2015. "Who Owns the Robots Rules the World." IZA World of Labor.

Frey, Carl Benedikt, and Michael A. Osborne. 2013. "The Future of Employment: How Susceptible Are Jobs to Computerisation?" Oxford University paper. Oxford: United Kingdom.

Friedman, Milton. 1982. "Free Markets and the Generals." Accessed January 5, 2017. http://miltonfriedman.hoover.org/objects/56785/free-markets-and-the-generals;jsessionid=38A8010F72B94DF404B43DEAB9544B0F.

Furceri, Davide, and Prakash Loungani. 2017. "Capital Account Liberalization and Inequality." *Journal of Development Economics* 130: 127–144.

Furceri, Davide, Jun Ge, and Prakash Loungani. 2016. "Financial Liberalization, Inequality and Inclusion in Low-Income Countries." *Dynamic Modeling and Econometrics in Economics and Finance* 23. https://doi.org/10.1007/978-3-319-54690-2_4.

Furceri, Davide, Prakash Loungani, and Jonathan D. Ostry. 2018. "The Aggregate and Distributional Effects of Financial Globalization." *IMF Working Paper.* 18/83. International Monetary Fund, Washington D.C.

Furceri, Davide, Prakash Loungani, and Aleksandra Zdzienicka. 2017. "The Effects of Monetary Policy Shocks on Inequality." *Journal of International Money and Finance* 85: 168–86.

Galbraith, James. 2016. *Inequality: What Everyone Needs to Know*. Oxford University Press.

Galor, Oded, and Omer Moav. 2004. "From Physical to Human Capital Accumulation: Inequality and the Process of Development." *Review of Economic Studies* 71: 1001–026.

Galor, Oded, and Joseph Zeira. 1993. "Income Distribution and Macroeconomics." *The Review of Economics Studies* 60 (1): 32–52.

Galperin, Hernan. 2005. "Telecommunications reforms and the poor: the case of Argentina." Paper presented at the seminar Digital Divides: Best Practices and False Perceptions, Oxford Internet Institute. March 4, 2005.

Ghosh, Atish, Jun Kim, Enrique Mendoza, Jonathan D. Ostry, and Mahvash Qureshi. 2013. "Fiscal Fatigue, Fiscal Space and Debt Sustainability in Advanced Economies." *The Economic Journal* 123(566): F4–F30.

Ghosh, Atish, Jonathan D. Ostry, and Mahvash Qureshi. 2013. "Fiscal Space and Sovereign Risk Pricing in a Currency Union." *Journal of International Money and Finance* 34: 131–63.

——. 2016. "When Do Capital Inflow Surges End in Tears?" *American Economic Review* 106 (5): 581–85. https://doi.org/10.1257/aer.p20161015.

——. 2017. *Taming the Tide of Capital Flows*. Cambridge, MA: MIT Press.

Goldin, Ian, and Kenneth A. Reinert. 2012. *Globalization for Development: Meeting New Challenges*. Oxford: Oxford University Press.

Greenville, Jared, Clinton Pobke, and Nikki Rogers. 2013. *Trends in the Distribution of Income in Australia*. Melbourne, Victoria: Productivity Commission.

Greenwood, Jeremy, and Boyan Jovanovic. 1990. "Financial Development, Growth, and the Distribution of Income." *The Journal of Political Economy* 98 (5) Part 1: 1076–107.

Guriev, Sergei, Danny Leipziger, and Jonathan D. Ostry. 2017. "Making Globalisation More Inclusive: A Way Forward." *VoxEu*. http://voxeu.org/article/making-globalisation-more-inclusive.

Gwartney, James, Robert Lawson, and Joshua Hall. 2017. Economic Freedom of the World: 2017 Annual Report. Fraser Institute

Gygli, Savina, Florian Haelg, and Jan-Egbert Sturm. 2018. "The KOF Globalization Index— Revisited." *KOF Working Paper No. 439*. KOF Swiss Economic Institute, ETH Zurich.

Hausmann, Ricardo, Lant Pritchett, and Dani Rodrik. 2005. "Growth Accelerations." *Journal of Economic Growth* 10 (4): 303–29. https://doi.org/10.1007/s10887-005-4712-0.

Heath, Allister. 2015. "A Return to Capital Controls Would Be a Disaster for All of Us." *The Telegraph*, February 20, 2015. http://www.telegraph.co.uk/finance/

economics/11426309/A-return-to-capital-controls-would-be-a-disaster-for-all-of-us. html.

Howell, Tom Jr. 2013. "IMF Chief: U.S. Dance with the Debt Limit Is 'very, very concerning.' " *Washington Times*, October 13, 2013, https://www.washingtontimes.com/news/2013/ oct/13/imf-chief-us-dance-debt-limit-very-very-concerning/.

International Monetary Fund. "AREAER Online." IMF eLibrary. Accessed January 5, 2017. http://www.elibrary.imf.org.

Jácome, Luis Ignacio, Carlos Larrea M., and Rob Vos. 1998. *Políticas macroeconómicas, distribución y pobreza en el Ecuador*. Quito, Ecuador: CORDES.

Jayadev, Arjun. 2005. "Financial Liberalization and Its Distributional Consequences: An Empirical Exploration." Dissertation: University of Massachusetts—Amherst.

———. 2007. "Capital Account Openness and the Labour Share of Income." *Cambridge Journal of Economics* 31 (3): 423–43. https://doi.org/10.1093/cje/bel037.

Jordà, Òscar. 2005. "Estimation and Inference of Impulse Responses by Local Projections." *American Economic Review*, 95 (1): 161–182.

Kuznets, Simon. 1955. "Economic Growth and Income Inequality." *American Economic Review* 45 (1): 1–28.

Laeven, Luc, and Fabian Valencia. 2010. "Resolution of Banking Crises: The Good, the Bad, and the Ugly." *IMF Working Papers* 10/146. International Monetary Fund, Washington D.C.

Lagarde, Christine. 2014. "The Caribbean and the IMF—Building a Partnership for the Future." Speech delivered at the University of the West Indies at Mona, Jamaica, June 27, 2014. https://www.imf.org/en/News/Articles/2015/09/28/04/53/sp062714.

Lagarde, Christine. 2015. "Ethics and Finance—Aligning Financial Incentives with Societal Objectives", speech delivered at "Conversation with Janet Yellen, Chair of the Board of Governors of the Federal Reserve System," the Institute for New Economic Thinking, May 6, 2015, Washington D.C.

Lane, Philip R., and Gian Maria Milesi-Ferretti. 2007. "The External Wealth of Nations Mark II: Revised and Extended Estimates of Foreign Assets and Liabilities, 1970–2004." *Journal of International Economics* 73 (2): 223–50. https://doi.org/10.1016/ j.jinteco.2007.02.003.

Lazear, Edward, and Sherwin Rosen. 1981. "Rank-Order Tournaments as Optimum Labor Contracts." *Journal of Political Economy* 89 (5): 841–64.

Lewis, Peter. 2007. *Growing Apart: Oil, Politics, and Economic Change in Indonesia and Nigeria*. Ann Arbor: University of Michigan Press.

Lindert, Peter. 2004. *Growing Public: Volume 1, The Story: Social Spending and Economic Growth Since the Eighteenth Century*. Cambridge: Cambridge University Press.

Lipton, David. 2016. "A Two-Way Street." *Finance and Development,* 53 (4): 17.

Loungani, Prakash. 2017. "The Power of Two: Inclusive Growth and the IMF"." *Intereconomics* 52 (2), 92–9. (See also "Inclusive Growth and the IMF," IMF Blog, January 24, 2017.)

Lucas, Robert E., Jr. 1988. "On the Mechanics of Economic Development." *Journal of Monetary Economics* 22 (1): 3–42.

——. 2003. "The Industrial Revolution: Past and Future." Federal Reserve Bank of Minnesota, Annual Report Essay.

Mbaku, John Mukum, and Joseph Takougang. 2003. *The Leadership Challenge in Africa: Cameroon Under Paul Biya.* Trenton, New Jersey: Africa World Press.

McCloskey, Deirdre N. 2016. "Growth, Not Forced Equality, Saves the Poor." *The New York Times,* December 23, 2016. http://www.nytimes.com/2016/12/23/business/growth-not-forced-equality-saves-the-poor.html.

McKenzie, David, and Dilip Mookherjee. 2003. "The Distributive Impact of Privatization in Latin America: Evidence from Four Countries." *Economía* 3: 161–218. https://doi.org/10.1353/eco.2003.0006.

McLeod, Ross H. 1994. *Indonesia Assessment 1994: Finance as a Key Sector in Indonesia's Development.* Canberra: Research School of Pacific and Asian Studies, Australian National University.

Meltzer, Allan H., and Scott F. Richard. 1981. "A Rational Theory of the Size of Government." *The Journal of Political Economy* 89 (5): 914–27.

Mendoza, Enrique, and Jonathan D. Ostry. 2008. "International Evidence on Fiscal Solvency: Is Fiscal Policy 'Responsible'?" *Journal of Monetary Economics* 55 (6): 1081–093.

Milanovic, Branko. 2005. *Worlds Apart: Measuring International and Global Inequality.* Princeton, NJ: Princeton University Press.

——. 2016. *Global Inequality: A New Approach for the Age of Globalization.* Cambridge, MA: The Belknap Press (Harvard University Press).

Nakajima, Makoto. 2015. "The Redistributive Consequences of Monetary Policy." Federal Reserve Bank of Philadelphia. Accessed June 1, 2017. https://www.philadelphiafed.org/-/media/research-and-data/publications/business-review/2015/q2/brQ215_the_redistributive_consequences_of_monetary_policy.pdf.

Obama, Barack. 2011. "Remarks by the President on the Economy in Osawatomie, Kansas." The White House, obamawhitehouse.archives.gov/the-press -office/2011/12/06/remarks-president-economy-osawatomie-kansas. Accessed December 27, 2017.

Obstfeld, Maurice. 1998. "The Global Capital Market: Benefactor or Menace?" *Journal of Economic Perspectives* 12 (4): 9–30. https://doi.org/10.1257/jep.12.4.9.

——. 2016. "Get on Track with Trade." *Finance & Development* 53 (4): 12–16.

Obstfeld, Maurice, Jonathan D. Ostry, and Mahvash Qureshi. 2018. "A Tie that Binds:

Revisiting the Trilemma in Emerging Market Economies." *American Economic Review* 108 (5).

Okun, Arthur M. 1975. *Equality and Efficiency, the Big Tradeoff.* Washington: Brookings Institution.

Ostry, Jonathan D. 2012. "Managing Capital Flows: What Tools to Use?" *Asian Development Review* 29 (1): 83–89.

———. 2014. "We Do Not Have to Live with the Scourge of Inequality." *Financial Times.* March 3, 2014.

———. 2015. "Inequality and the Duration of Growth." *European Journal of Economics and Economic Policies* 12 (2): 147–57.

Ostry, Jonathan D., and Andrew Berg. 2014. "Measure to Measure." *Finance & Development* 51 (3): 35–38.

Ostry, Jonathan D., Andrew Berg, and Siddharth Kothari. 2018. "Growth-Equity Trade-offs in Structural Reforms?" *IMF Working Paper* No. 18/5. International Monetary Fund, Washington D.C.

Ostry, Jonathan D., Andrew Berg, and Charalambos Tsangarides. 2014. "Redistribution, Inequality, and Growth." *Staff Discussion Notes* 14 (2): 1. https://doi. org/10.5089/9781484352076.006. Forthcoming, *Journal of Economic Growth.* (See also " Redistribution, Inequality, and Sustainable Growth: Reconsidering the Evidence." *VoxEu.* http://voxeu.org/article/redistribution-inequality-and-sustainable-growth.)

Ostry, Jonathan D., Atish Ghosh, and Raphael Espinoza. 2015. "When Should Public Debt Be Reduced?" *Staff Discussion Notes* 15 (10): 1. https://doi. org/10.5089/9781498379205.006. (See also "Don't Sweat the Debt if Fiscal Space is Ample." *VoxEu.* http://voxeu.org/article/don-t-sweat-debt-if-fiscal-space-ample.)

Ostry, Jonathan D., Atish Ghosh, Marcos Chamon, and Mahvash Qureshi. 2011. "Capital Controls: When and Why?" *IMF Economic Review* 59 (3): 562–80.

———. 2012. "Tools for Managing Financial-Stability Risks from Capital Inflows," *Journal of International Economics* 88 (2): 407–21.

Ostry, Jonathan D., Atish Ghosh, and Mahvash Qureshi. 2015. *Capital Controls.* Edward Elgar Publishing (The International Library of Critical Writings in Economics 308).

Ostry, Jonathan D., Prakash Loungani, and Davide Furceri. 2016. "Neoliberalism: Oversold?" *Finance & Development* 53 (2): 38–41.

Ostry, Jonathan D., Prakash Loungani, and Davide Furceri. 2018. "Are New Economic Policy Rules Desirable to Mitigate Rising National Inequalities?" *In International Policy Rules and Inequality: Implications for Global Economic Governance*, ed. José Antonio Ocampo (Columbia University Press, New York).

Ostry, Jonathan D., Alessandro Prati, and Spilimbergo, Antonio. 2009. "Structural Reforms and Economic Performance in Advanced and Developing Countries." *IMF Occasional Paper No.* 268. https://doi.org/10.5089/9781589068186.084.

Perotti, Roberto, 1996. "Growth, Income Distribution, and Democracy: What the Data Say," *Journal of Economic Growth* 1 (2): 149–87.

Piketty, Thomas, Emmanuel Saez, and Gabriel Zucman. 2016. "Economic Growth in the United States: A Tale of Two Countries." *Equitable Growth.* Accessed January 3, 2017. http://equitablegrowth.org/research-analysis/economic-growth-in-the-united-states-a-tale-of-two-countries/.

Pope Francis. 2014. "Address of Pope Francis to the UN System Chief Executive Board for Coordination." The Vatican, http://w2.vatican.va/content/francesco/en/speeches/2014/may.index.2.html.

Pritchett, Lant. 2000. "Understanding Patterns of Economic Growth: Searching for Hills Among Plateaus, Mountains, and Plains." *The World Bank Economic Review* 14 (2): 221–50. https://doi.org/10.1093/wber/14.2.221.

Quinn, Dennis. 1997. "The Correlates of Change in International Financial Regulation." *American Political Science Review* 91 (3): 531–51. https://doi.org/10.2307/2952073.

Quinn, Dennis, and A. Maria Toyoda. 2008. "Does Capital Account Liberalization Lead to Growth?" *Review of Financial Studies* 21 (3): 1403–449. https://doi.org/10.1093/rfs/hhn034.

Rajan, Raghuram, 2011. *Fault Lines: How Hidden Fractures Still Threaten the World Economy.* Princeton, NJ: Princeton University Press.

Rajan, Raghuram G., and Luigi Zingales. 1998. "Financial Dependence and Growth." *The American Economic Review* 88 (3): 559–86.

Reinhart Carmen M., and Kenneth S. Rogoff. 2010. "Growth in a Time of Debt." *American Economic Review,* 100 (2): 573–78.

Rodrik, Dani. 1997. *Has Globalization Gone Too Far?* Washington, D.C.: Peterson Institute for International Economics.

——. 1998. "Who Needs Capital-Account Convertibility?" *Essays in International Finance* 207.

——. 1999. "Where Did All the Growth Go? External Shocks, Social Conflict, and Growth Collapses." *Journal of Economic Growth* 4 (4): 385–412 (a).

——. 1999. "Institutions for High-Quality Growth: What They are and How to Acquire Them." *IMF Conference on Second Generation Reforms.* https://doi.org/10.3386/w7540 (b).

——. 2008. "The Real Exchange Rate and Economic Growth." *Brookings Papers on Economic Activity.* 2008 (2): 365–412.

Romer, Christina D., and David H. Romer. 2004. "A New Measure of Monetary Shocks:

Derivation and Implications." *American Economic Review* 94 (4): 1055–084. https://doi.org/10.1257/0002828042002651.

Ropp, Steve C. 1992. "Explaining the Long-Term Maintenance of a Military Regime: Panama Before the U.S. Invasion." *World Politics* 44 (2): 210–34. https://doi.org/10.2307/2010447.

Sachs, Jeffrey, and Laurence Kotlikoff. 2012. "Smart Machines and Long-Term Misery." *NBER Working Paper No. 18629.* National Bureau of Economic Research. Cambridge, Massachusetts. http://www.nber.org/papers/w18629.

Sachs, Jeffrey, and Andrew Warner. 1995. "Natural Resource Abundance and Economic Growth." *NBER Working Paper No. 5398.* National Bureau of Economic Research. Cambridge, Massachusetts. http://www.nber.org/papers/w5398.

Saint-Paul, Gilles, and Thierry Verdier. 1993. "Education, Democracy and Growth." *Journal of Development Economics* 42 (2): 399–407.

———. 1997. "Power, Distributive Conflicts, and Multiple Growth Paths." *Journal of Economic Growth* 2 (2): 155–68.

Samuelson, Robert. 2013. "Capitalists Wait, While Labor Loses Out," *The Washington Post*, September 8, 2013.

Schiffrin, Anya. 2016. "Capital Controls." New York: Initiative for Policy Dialogue.

Sokoloff, Kenneth L., and Stanley L. Engerman. 2000. "History Lessons: Institutions, Factors Endowments, and Paths of Development in the New World." *Journal of Economic Perspectives* 14 (3): 217–32.

Solt, Frederick. 2009. "Standardizing the World Income Inequality Database." *Social Science Quarterly* 90 (2): 231–42. https://doi.org/10.1111/j.1540-6237.2009.00614.x.

Stiglitz, Joseph. 2002. "The Chilean Miracle: Combining Markets with Appropriate Reform." *Commanding Heights interview.*

———. 2012. *The Price of Inequality: How Today's Divided Society Endangers Our Future.* New York: Norton.

———. 2015. *The Great Divide: Unequal Societies and What We Can Do About Them.* New York: Norton.

Svejnar, Jan. 2002. "Transition Economies: Performance and Challenges." *Journal of Economic Perspectives* 16 (1): 3–28.

Tanzi, Vito, and Howell H. Zee. 1997. "Fiscal Policy and Long-Run Growth." *Staff Papers (International Monetary Fund)* 44 (2): 179–209.

Solt, Frederick. 2016. "The Standardized World Income Inequality Database." *Social Science Quarterly* 97(5): 1267–81.

Thorp, Rosemary, Corinne Caumartin, and George Gray-Molina. 2006. "Inequality, Ethnicity, Political Mobilisation and Political Violence in Latin America: The Cases of Bolivia,

Guatemala and Peru." *Bulletin of Latin American Research* 25 (4): 453–80. https://doi.org/10.1111/j.1470-9856.2006.00207.x.

Treichel, Volker. 2005. "Tanzania's Growth Process and Success in Reducing Poverty." *IMF Working Papers* 5 (35): 1. International Monetary Fund. Washington D.C. https://doi.org/10.5089/9781451860542.001.

Tsui, Kai-Yuen. 1996. "Economic Reform and Interprovincial Inequalities in China." *Journal of Development Economics* 50 (2): 353–68. https://doi.org/10.1016/s0304-3878(96)00406-3.

Voinea, Liviu, and Pierre Monnin. 2017. "Inequality Should Matter for Central Banks." *Council on Economic Policies.* Accessed June 1, 2017. https://www.cepweb.org/inequality-should-matter-for-central-banks/.

Wacziarg, Romain, and Karen Horn Welch. 2007. "Trade Liberalization and Growth: New Evidence." *The World Bank Economic Review* 22 (2): 187–231. https://doi.org/10.1093/wber/lhn007.

Wilkinson, Richard G., and Kate Pickett. 2011. *The Spirit Level: Why Greater Equality Makes Societies Stronger.* New York: Bloomsbury.

Woo, Jaejoon, Elva Bova, Tidiane Kinda, and Y. Sophia Zhang. 2017. "Distributional Consequences of Fiscal Adjustments: What Do the Data Say?" *IMF Economic Review* 65 (2): 273–307.

World Bank. 1993. *The East Asian Miracle: Economic Growth and Public Policy.* World Bank Policy Research Report.

Yang, Dennis Tao. 1999. "Urban-Biased Policies and Rising Income Inequality in China." *American Economic Review* 89 (2): 306–10. https://doi.org/10.1257/aer.89.2.306.

Yellen, Janet. 2014. "Perspectives on Inequality and Opportunity from the Survey of Consumer Finances." Speech at the Conference on Economic Opportunity and Inequality, Federal Reserve Bank of Boston, October 17, 2014. https://www.federalreserve.gov/newsevents/speech/yellen20141017a.htm.

찾아보기

IMF, 불평등에 맞서다
Confronting Inequality

1판 1쇄 펴냄 | 2020년 1월 31일
1판 2쇄 펴냄 | 2020년 2월 20일

지은이 | 조너선 D. 오스트리, 프라카쉬 룬가니, 앤드루 버그
옮긴이 | 신현호 · 임일섭 · 최우성
발행인 | 김병준
편   집 | 박강민
디자인 | 이유나 · 이순연
마케팅 | 정현우
발행처 | 생각의힘

등록 | 2011. 10. 27. 제406-2011-000127호
주소 | 서울시 마포구 양화로7안길 10, 2층
전화 | 02-6925-4184(편집), 02-6925-4188(영업)
팩스 | 02-6925-4182
전자우편 | tpbook1@tpbook.co.kr
홈페이지 | www.tpbook.co.kr

ISBN 979-11-85585-83-3 93320

이 도서의 국립중앙도서관 출판예정도서목록(CIP)은
서지정보유통지원시스템 홈페이지(http://seoji.nl.go.kr)와
국가자료종합목록시스템(http://kolis-net.nl.go.kr)에서
이용하실 수 있습니다.(CIP제어번호: 2020002377)